わがセブン秘録

鈴木敏文

勝見 明＝取材・構成

プレジデント社

JN169377

はじめに

未来に向かって敷かれたレールはない

わたしは二〇一六年五月二六日、セブン&アイ・ホールディングス代表取締役会長兼CEO（最高経営責任者）の職を辞し、六〇年にわたる現役生活にいったんピリオドを打ちました。

これは誰かから求められたものではなく、自らの意志と決断によって、それまでの経営者としての自分から、自由な立場としての新しい自分へと踏み出したものでした。

未来に向かって敷かれたレールはない。道は自分でつくるものである。

仕事においても、人生においても、わたしはこれまでそう信じて、仕事を続け、生きてきました。

レールとは、ふと振り返ったときに、自分が歩んできた結果として敷かれているものです。

わたしも振り返ると、自分の歩んできたレールの上には、日本初の本格的なコンビニエンスストアチェーンであるセブン-イレブンの創業、コンビニでのお弁当やおにぎりの販売、経営破たんした本家本元のアメリカのサウスランド社（現在は完全子会社のセブン-イレブン・インク）の再建、過去に例のない流通業による自前のセブン銀行の設立……等々、多くのことが年表のように刻まれています。

しかし、目の前にはレールは敷かれていない。だから、どんな方向にも新しく踏み出すこともできれば、自分を変えることもできる。それは、現役生活にいったんピリオドを打ったわたしでも同じなのです。

忘れてならないのは、過去のレールの延長線上に自分でレールを敷いてはならないということです。

必要なのは「無」から「有」を生む発想力

レールが敷かれていない未来に向かって踏み出すために必要なのは、「発想する力」です。いまはない状態から、新しいものを発想する力。いわば、「無」から「有」を生む発想力です。

わたしは六〇年間にわたって仕事人生を送ってきましたが、実は七〇代半ばごろから、まわりにはいいませんでしたが、いつまでいまの職を続けるか、自問自答を続けてきました。

それでも、八三歳まで現役を続けることになったのは、二〇代、三〇代、四〇代、五〇代、六〇代、七〇代、八〇代と年齢は重ねながらも、仕事に対する向き合い方や仕事の仕方は変わることがなく、一貫して同じ力を発揮することができたからではないかと思うのです。

その力とは発想する力です。むしろ、発想力を求められる仕事が次々押し寄せてきた結果として、仕事をずっと続けることになったともいえます。

流通業に身を置きながら、わたしはもっぱら管理部門を担当したため、自分の手で実際に商品を開発したこともなければ、販売や営業に携わったこともなく、その分野の専門知識を特に持っているわけでもありません。

それでも、長期間にわたって仕事を続けることができたのは、いまはない状態から、新しいものを生み出す発想力については、自分でも衰えを感じることがなかったからです。

わたしはもともと、何かを一生懸命に調べたり、人の話を聞いたり、本を読んだりして勉強し、いろいろなことを覚え、そこから何かを編み出すという仕事の仕方は得意なほうではありません。

ざっくばらんにいえば、かなりの面倒くさがり屋です。

一般的に、人間には、記憶力が優れ、多くの知識を持っているタイプと、記憶力が優れているというより、想像力が豊かで、新しい発想ができるタイプの二つがあります。東大をはじめとする一流大学出身者でも、同様でしょう。

わたしは昔から記憶力のほうはあまり得意ではなく、後者のタイプでした。人々が不便に思うこと、不満に感じることを察知したら、新しいものを生み出して、不便を便利に、不満足を満足へと変えていく。というより、変えていかないと気がすまない。その発想が染みついていました。

記憶力がよく、豊富な知識を持つことで成功する人もいるでしょう。しかし、変化の激しい時代により求められるのは、発想する力です。

一歩先の未来へとジャンプする〝跳ぶ発想〟

新しいものを生み出すといっても、わたし自身、特にそんなに難しいことを考えてきたわけではありません。

世の中にすでにある多くのもののなかから何かを見いだし、結びつける。

わたしも、これまで多くの新しいものを生み出してきましたが、それは何かを創造したわけではなく、それまで結びついていなかったもの同士を、あるいは、誰もが結びつくとは思っていなかったもの同士を結びつけるということを繰り返してきただけです。

セブン‐イレブンの創業も、海外研修で出かけたアメリカでたまたまセブン‐イレブンというコンビニエンスストアを見つけ、それを日本の小型店と結びつけて発想しました。

当時、日本は大型の総合スーパーマーケット（GMS＝ゼネラルマーチャンダイズストア）の全盛時代で、スーパーが各地に進出する一方で、商店街の小型店は凋落の一途をたどっていました。

そのため、日本へのコンビニエンスストアの導入については、学界からも、業界からも、社内からも、「小型店が成り立つはずない」「無理だ」「やめろ」の反対論の大合唱が巻き起こりました。

わたしから見ると、反対論は「大は小に勝つ」「大きいことはいいことだ」という過去の延長線上での考え方でした。

一方、わたしは管理畑でしたので、小型店の凋落の原因について、違う視点からとらえていました。

中小の小売店の経営が難しくなったのは、大型店の進出が原因ではなく、市場の変化に対応できなかったことにある。ならば、コンビニエンスストアの仕組みを導入すれば、大型店との共存共栄が可能になるという、一歩先の未来像を描きました。

つまり、過去の延長線上ではなく、未来へとジャンプし、「未来を起点にした発想」で考えた。いわば、〝跳ぶ発想〟です。

セブン-イレブンでのおにぎりやお弁当の販売も、流通業として前例のない自前のセブン銀行の設立も、上質さを追求してプライベートブランド（PB）商品の常識をくつがえしたセブンプレミアムの開発も、同様です。

最近では一斤六枚入りが二五六円（税込み）と、ナショナルブランド（NB）の売れ筋商品の一・五倍の価格にもかかわらず、大ヒットした「金の食パン」も、跳ぶ発想から生まれました。

わたしは最初に就職した出版取次大手の東京出版販売、通称東販（現トーハン）で、『新刊ニュース』という広報誌について、誌面を刷新し、無料から有料にするという抜本的な改革を行い、発行部数を五〇〇〇部から一三万部に伸ばしました。

二〇代のときに思いついた『新刊ニュース』の誌面刷新と、八〇代に入って発案した「金の食パン」は、まったく同じ「未来を起点にした発想」から生まれたものでした。

経営者時代、わたしは社員たちにも、「仮説」を立てて、挑戦することを求めてきました。仮説とは、まさに、跳ぶ発想のなかから浮かびあがるものだからです。

「会社」と「仕事」は別と考える

わたしが六〇年間、仕事を続けることができた二つ目の理由として、わたし自身のなかで、「会社」と「仕事」とが、必ずしも一体化していなかったこともあるかもしれません。

会社という組織のなかでは、わたしはトーハンでの平社員から始まり、三〇歳で総合スーパーのヨーカ堂（現イトーヨーカ堂）へ転職してからは、係長、課長、部長、役員、社長、会長と肩書きは変わっていきました。

セブン-イレブン・ジャパンについては一九七八年から社長（九二年から会長）、イトーヨーカ堂については九二年から社長（二〇〇三年から会長）を務めてきました。

ただ、その都度、自分自身では組織のなかで「出世した」とか「荷が重くなった」といった意識は特にありませんでした。リタイア後に「荷が軽くなったでしょう」と聞かれても、まったくそんな感じがないのはそのためです。

もし、わたしのなかで会社と仕事が一体化し、会社の都合で仕事を行っていたら、経営はマンネリ化し、これほど長期にわたって経営トップの立場にいることはできなかったでしょう。

しかし、仕事への向き合い方は二〇代のころから、一貫して同じで変わることはありませんでした。

少し前にもこんなことがありました。二〇一三年五月、セブンプレミアムのワンランク上のセブンゴールドのシリーズの新製品で、インスタントラーメンの袋麺「金の麺 塩」を発売する当日のことです。

「この商品の質は販売できるレベルではない」と、六〇〇〇万円分の商品をすべて全国の店頭から回収し、廃棄する決断を下しました。目先の損失よりも、発売した場合に生じるダメージが大きいと考えたからです。

もし、わたしのなかで会社と仕事が一体化していたら、とりあえず六〇〇〇万円分の商品を売り切ってから、改良や改善を実施させたでしょう。

セブン‐イレブンの創業も同じです。わたしが発案したのは四〇歳ごろで、イトーヨーカ堂の取締役に就任していました。もし、わたしのなかで会社と仕事が一体化していたら、創業者であるオーナー社長が反対するのを押し切ってまで、遂行しようとは思わなかったでしょう。

会社と仕事とは別で、「会社にしがみつく」という意識を持たなかったからこそ、反対にあっても、未来を起点にして、跳ぶ発想をすることができたように思います。

「会社にしがみつく」という意識を持っている限り、新しいものは発想できません。

「判断の尺度」を「お客様」に合わせる

わたしが長く仕事人生を続けることができた三つ目の理由として、「判断の尺度」がブレることがなかったという面もあるでしょう。

人間は、「イエス」と「ノー」、あるいは、「よい」と「悪い」という判断の間に、「まあまあ」とか「そこそこ」といった中間の基準が入りがちで、特に日本人にはその傾向が強くあります。そこには必ず、妥協やなれ合いが入り込みます。

これに対し、わたしは自分の判断から、「まあまあ」や「そこそこ」のような妥協はいっさい排除し、「イエス」か「ノー」か、「よい」か「悪い」か、どちらかで判断してきました。

その理由は簡単です。わたしたちが商品を提供するお客様の判断は「買う」か「買わない」か、いずれか一方だからです。

食べものであれば、「おいしい」か「おいしくない」かの直感的な判断です。「まあまあ」や「そこそこ」では、最初は知らずに買っても、以降、繰り返し買おうとは思わないでしょう。

また、会社のトップとして、ある商品の発売のゴーサインを出すか出さないかの判断においても、会社の開発陣がどんなに労力や時間を費やしたとしても、わたしはそれをもって、「イエス」と判断することもありませんでした。

お客様は「開発者が一生懸命つくった商品だから」と買ってくれるわけではないからです。

判断の尺度を「会社」に置くのではなく、「お客様」に合わせると、「イエス」か「ノー」か、「よい」か「悪い」かの判断を迷わず一瞬で行うことができる。

結果、お客様から支持され、会社にも利益がもたらされます。

わたしはヨーカ堂に転職してからも、人事に、販促に、広報にと、財務経理以外の管理業務をすべて兼務しました。それでも特に苦にならなかったのは、「判断の尺度」がブレず、判断に時間を要することがなく、短時間で多くの仕事をこなすことができたからです。

いまは「自分で考える力」が重要

未来を起点にして、跳ぶ発想で仮説を立て、いままでにない新しいものをつくり出す発想力。迷わず一瞬で決断するための「判断の尺度」の持ち方。これらを一言でいえば、何かに頼るのではなく、「自分で考える力」です。

いまの時代は、「自分で考える力」こそが求められるようになっています。

戦後の日本社会は、第一フェーズの「メーカーによる合理化の時代」から始まり、第二フェーズの「流通による合理化の時代」を経て、いまは第三フェーズの「消費者による生活の合理化の時代」に入っています。

第一フェーズや第二フェーズのころは、どのメーカーも他社と同じような商品を大量生産し、どの流通も過去の延長線上で、他チェーンと同じ商品を大量販売すれば成り立ちました。

そのため、他社の事例を勉強する力や、過去の事例をよく覚えている記憶力に優れた人間が重宝されました。

しかし、いまは消費者自身が自分たちの生活にとって、もっとも合理的なあり方を考え、それに合わせてモノや流通のあり方を選ぶようになっています。

明日のお客様は何を求めるかを考え、新しいものを生み出していく発想力や、「判断の尺度」を「お客様」に合わせ、迷わず判断していく力、まさに、「自分で考える力」を持ち、新しい価値を生み出すことのできる人材こそが評価され、重要なポストに起用されていくでしょう。

実際、いま、元気のある企業は、アパレル業界においても、インテリア（家具）小売業界においても、「製造小売業」の業態をとりながら、新しい発想で新しいものを次々と生み出している会社です。

セブン&アイ・ホールディングスが推進するネットとリアルを融合した「オムニチャネル」（サイト名は「オムニ7」）も、既存のEコマースやネット通販の専門企業と決定的に異なるのは、グループが商品開発能力を持つことにあります。

これから先、オムニ7でしか買えない、オリジナルな新しい商品をどれだけ開発し、提供できるかが問われるでしょう。

「失敗」を失敗に終わらせない

わたしはこれまで、過去の延長線上で考える人々からどんなに反対されても、新しいものを生み出し続けてきました。

「みんなに反対されることはたいてい成功し、賛成されることはたいてい失敗する」などと、逆説的な言葉も発してきました。

わたしの仕事人生を支えてきた発想する力や判断する力について、それはどのような考え方やものごとのとらえ方をすれば、身につき、鍛えられるのかを、わたしの後に続く人々に伝授する。

それが、いまの自分にとっての大きな役割だと思っています。

仕事には失敗もつきもので、わたしの仕事人生もすべてが順調に進んだわけではありません。そのときは最良の選択と思っても、結果として失敗にいたったことも数々ありました。ヨーカ堂への転職も、セブン－イレブン創業も、失敗から始まりました。ただ、失敗を失敗に終わらせなかったことで、そこから新しいものを生み出すことができた。本書は、そんなわたし自身の「失敗との向き合い方」も、あますところなく記しました。

年齢に関係なく、組織内での職位にも関係なく、仕事に対する向き合い方が変わらない人は、常に力を発揮できる。逆にその都度、仕事の仕方が変わる人は、いつか信頼を失うでしょう。

未来に向かって敷かれたレールはない。

本書は若い世代、ミドル層、そして、経営層にいたるまで、すべての世代、すべての層に、いつまでも前に踏み出してもらうため、新しい生き方に踏み出したわたしが いま、贈りうる最大限のアドバイス集です。

もし発想が行き詰まったとき、もし判断に迷ったとき、必ず力になるはずです。

鈴木敏文

わがセブン秘録【目次】

第1章 懸命に「行き当たりばったり」に生きてきた

第2章 「無」から「有」を生むには「跳ぶ発想」を鍛える

第3章 「できない理由」をあげるより「実現する方法」を考えよう

第4章
「仕事の分母」には「売り手」ではなく常に「お客様」を置くと真実が見える

第5章 「判断の尺度」を「お客様」に合わせれば迷わず一秒で決断できる

第6章 ものごとの「本質」を見抜けば仕事はうまくいく

第1章

懸命に「行き当たりばったり」に生きてきた

1　失敗したら早く忘れて仕切り直す

稲盛和夫さんとの初めての対談

稲盛和夫さんといえば、京セラの創業者で日本を代表する経営者です。

二〇一五年夏、わたしは稲盛さんと、『プレジデント』誌の企画で対談を行ったことがありました。

稲盛さんとわたしは同じ昭和七年（一九三二年）の生まれです。経済界、官界などで活躍する同い年生まれの面々で「昭七会」というグループをかなり以前につくり、定期的に顔を合わせては、いろいろな話をする仲でした。

ただ、改まって対談をするのは初めてでした。

稲盛さんとわたしとは生年が同じこと以外にも、いくつかの共通点があります。

一〇代のころは戦後の混乱期です。稲盛さんは郷里の鹿児島で父親を助けて、手づくりの焼酎や紙袋を行商したそうです。

わたしの実家は長野で農業を営んでいましたが、「働かざる者食うべからず」が家の鉄則で、休日もニワトリやウサギの餌やり、田んぼの草むしり、桑の葉を摘んで蚕の世話と、家の手伝いに汗を流しました。

学歴も一流校を順調に上がっていったような、いわゆるエリートとは異なります。二人とも旧制中学受験に失敗。就職も志望企業ではなく、苦労して落ち着き先を見つけました。

その後、稲盛さんは退職して京セラを、わたしは転職先のヨーカ堂（現イトーヨーカ堂）でセブン－イレブンを、それぞれ起業します。

続けて、稲盛さんは通信事業の第二電電（現ＫＤＤＩ）、わたしは金融事業のセブン銀行と、まったく異分野での会社設立に挑戦しました。

第二電電は、通信回線ルートを敷設するインフラをどこからも提供されない逆風下からのスタートでした。セブン銀行の設立も金融業界やマスコミで否定論が渦巻くなかでの苦難のプロジェクトでした。

さらに稲盛さんは、倒産した日本航空（ＪＡＬ）の再建を要請され、再生をなし遂げられました。

わたしも倒産したセブン‐イレブンの本家本元、アメリカのサウスランド社（現在は完全子会社のセブン‐イレブン・インク）から救済を頼まれると、海を渡って乗り込み、〝ハリケーンスズキ〟と呼ばれたほど、既存の仕組みをことごとく否定して改革を断行し、再建を達成しました。

もっとも共通するのは、二人の基本的な価値観でしょう。稲盛さんは常に「人間として何が正しいか」で判断されます。そして、「世のため、人のため」を志向して利他の心を何より大切にされます。

一方、わたしも、目の前の道に木が倒れていたら、ほかの人がよけて通っても放っておけない性分です。常に「お客様の立場で」考え、何が正しいかで判断し、会社にとって都合の悪いことでも躊躇せず決断してきました。

稲盛さんは「経営はマラソンだ」と語ります。わたしも「経営とは一歩一歩積み上げていくことが大切だ」と常々説いてきました。

どちらも困難を困難と思わないところがある。困難な目標に挑戦するときでも、ブレない視点を持ちつつ、明快な判断で、迷わず決断し、実行していく。そんなところが似ているのでしょう。

対談でも意気投合し、二時間半という時間があっという間に過ぎてしまいました。

「仕事でミスを連発してしまいます」

対談では、雑誌の読者が抱きがちな悩み事や相談事をいくつかあげ、稲盛さんとわたしがそれぞれ答えるという企画も用意されました。そのなかに「仕事でミスを連発してしまいます」と、ミスや失敗についての相談事がありました。

中国哲学などに詳しい稲盛さんは、仕事で失敗やミスをしないためには、「有意注意」という意識の持ち方が大切であると回答されました。

ただ漫然と対象を眺めたりするのが無意注意であるのに対し、有意注意は意を持って意を注ぐこと、つまり、「これを目指してこうやってみよう」と、目的を持って意識や神経を対象に集中させることだといいます。

いかにも理論派の稲盛さんらしいアドバイスでした。

一方、どちらかというと実務畑のわたしはこう答えました。

「ミスは誰にでもあります。人間、ミスしたことや失敗したことに対して、平気でいられる人はそういません。だから、ミスしたこと自体は早く忘れて、仕切り直す。ミスをしないようにと、そればかりをあまり真剣に考えるより、次の一歩を踏み出すことです」

実際には、仕事上の失敗やミスはそう簡単には忘れられないでしょう。ただ、失敗やミスしたことを気にして、そこにとどまっている限り、先へは進めません。だから、早く忘れて、次の挑戦へと一歩踏み出す。

挑戦していけば、前回の失敗もミスもプラスに活かされていく。

つまり、稲盛さんのいわれるとおり、無意注意ではなく、「今度はこれを目指してやっていこう」と有意注意で仕事に臨めるようになる。有意注意をすれば、同じ失敗やミスは繰り返さなくなるということでしょう。

その場では、わたし自身の失敗談もお話しさせていただきました。

それは、セブン‐イレブンを創業したときの話でした。

2　セブン-イレブンも「失敗」からスタートした

困難をきわめたライセンス交渉

セブン-イレブンは国内総店舗数が一万九〇七六店舗（二〇一六年一〇月末現在）に上ります。

いまでこそ一国内の店舗数として世界最大の規模を誇り、チェーン全店売上高も約四兆二九一一億円（二〇一六年二月期）と他のコンビニエンスストアチェーンに圧倒的な差をつけています。

しかし、その創業は初めからすべてが順調に進んだのではなく、「失敗」からのスタートでした。

セブン-イレブンを日本で創業したのは、総合スーパーのような大型店と小型小売店との共存共栄が可能であることを実証するためでした。

一九六〇年代後半以降、スーパー業界では新規出店のたびに地元の商店街から強い反対運動が起こるようになりました。四〇歳でイトーヨーカ堂の取締役になったわたしも幹部の一人として、先頭に立って地元との交渉にあたりました。

「大型店と小型店は共存共栄が可能です」と訴えても、「そんなのは強者の論理で、できるわけがない」といつも交渉は平行線です。

当時、ヨーカ堂では、流通業で最先端を行くアメリカの最新事情を学ぶため、年に何回か社員たちを引き連れ、海外研修を行っていました。あるとき、カリフォルニアを視察し、移動の途中、休憩のため、道路脇にあった小さな店に立ち寄りました。

店内には食品や雑貨など種々雑多な商品が並んでいます。巨大な総合スーパーが随所にあるアメリカでもこんな小さな店があるんだ、とそのときはその程度の印象でした。

それがセブン‐イレブンとの出合いです。

帰国後、ふと気になり、調べて驚きました。運営するサウスランド社は全米で四〇〇〇店ものチェーンを持つ超優良企業でした。

このシステムを日本に持ってくれば、大型店と小型店の共存共栄が可能になるのではないか。さっそく社内で提案すると猛反対にあいます。わたしは反対を押して日本への導入を決断し、サウスランド社とライセンス契約のための交渉を始めることにしました。これが難関でした。

先方の本社はダラスにあり、日本の総合商社の支店長を介して本社を訪ねると、対応に出た担当者は日本に関心を示さず、門前払い同然です。

糸口がつかめないまま一年近く経ったとき、その商社の幹部が休暇で訪れたメキシコの保養地アカプルコでサウスランド社の顧問弁護士と偶然知り合いになり、その口利きで先方のトップと会えることになりました。

トップクラスになると日本についての知識も豊富で、進出にも関心を持ってもらえ、やっと交渉のテーブルに着くことができました。この交渉が一筋縄ではいきませんでした。

サウスランド社側が提示してきた条件は予想以上に厳しいものでした。

「事業は合弁にする」「出店地域は日本を二分した東日本のみとする」「八年間で二〇〇〇店出店する」など、手かせ足かせで、とても受け入れがたい条件ばかりでした。

相手は世界最大のコンビニエンスストアチェーン、こちらは日本の小売業界で一五位の中堅で格が違うとはいえ、ここは絶対に引けません。わたしは交渉の場ですべてに「ノー」と答えました。

ねばりにねばった交渉で、合弁事業案はイトーヨーカ堂独自の子会社にする、出店地域は日本全域へ、出店数は八年間で一二〇〇店にするというこちらの案を認めてもらい、何とか合意することができました。

しかし、最後まで双方とも互いに主張を譲らず、激しい応酬になったのが、ロイヤルティ（権利利用料）の率でした。

先方の条件は売上高の一％。成長期にあったイトーヨーカ堂の当時の業績でも、税引き後の利益は総売上の二％に満たないレベルです。一％では経営が成り立ちません。こちらは〇・五％を主張しました。二倍の開きです。

何度も決裂寸前になるほどのぎりぎりの交渉を続けて、ようやく相手側の大幅譲歩を引き出して妥結したのが〇・六％のロイヤルティでした。率を下げても、結果として事業が成功すれば、サウスランド社にとっても利益となるはずで、最後は決裂覚悟で譲歩を求めました。

開示された経営マニュアルに「あ然」

サウスランド社と契約を交わし、一九七三年一一月、新たに運営会社ヨークセブン

（現セブン‐イレブン・ジャパン）を設立しました。

イトーヨーカ堂の社内では反対論が大勢を占めたことや、創業の厳しさを徹底させる意味で給与や処遇もイトーヨーカ堂より厳しくしたこともあって、社員に移ってもらうのは難しく、大半は新聞広告で募集しました。

集まったのはほとんど小売業の経験を持たない素人集団でした。問題はこのあとに発生します。

社員たちと一緒にアメリカに渡り、サウスランド社のトレーニングセンターでの研修が始まりました。ところが、その内容は、レジの打ち方や報告書の書き方など初歩的な内容ばかりでした。


何より衝撃的だったのは、契約締結により開示された二七冊に及ぶ分厚いマニュアルでした。

「日本で活かすことができれば、小型店でも大型店と共存共栄が可能なモデルを示せるはずだ」と考え、嘱望した経営マニュアルには、店舗運営の初心者向けの入門書のような内容ばかりで、どこを探しても求めていた経営ノウハウはありませんでした。

サウスランド社には、マーケティングやマーチャンダイジング（商品政策、商品開発）

や物流についてのシステマチックなノウハウがあるはずで、それを日本でもすぐ活用できると考えたのは、わたしの勝手な思い込みにすぎなかったのです。

日本でも使えるのはセブン－イレブンのチェーン名とロゴ、それから会計システムくらいで、明らかに失敗でした。それが判明したのは、研修を開始して三日目のことです。

「われわれはわざわざレジの打ち方を習いに来たのではない」と先方に怒りをぶつけましたが、あとの祭りでした。

新事業立ち上げのために募集に応募してくれた社員たちは、懸命に研修に取り組んでいます。その姿を見て、「いくら研修をしても日本では役に立たない。失敗した」とはなかなかいえませんでした。

これがセブン－イレブンのスタート時の紛れもない真実でした。

3　イトーヨーカ堂へ転職したら話が全然違った

スポンサーを探しにヨーカ堂へ

イトーヨーカ堂への転職も「失敗」から始まりました。

わたしは大学卒業後、就職した出版取次大手の東京出版販売、通称東販（現トーハン）に七年半在籍し、三〇歳でイトーヨーカ堂へ移りました。いきさつはこうです。

トーハン時代の後半、わたしは弘報課で『新刊ニュース』という隔週刊の広報誌の編集を任されていました。

それまでは新刊目録が中心だった内容を、わたしの発案で新刊紹介のほか、軽い読み物をそろえて、読書家にホッと一息ついてもらうような冊子へと全面的に誌面を刷新したところ、無料配布を有料に変えたにもかかわらず、発行部数を五〇〇〇部から一三万部へと二六倍に伸ばすことができました。

出版取次の強みで、版元を通せば、どんな大物作家や有名文化人にも誌面に登場願えました。

そのころはほとんどメディアに出ていなかった文豪の谷崎潤一郎さんからも快諾をいただき、対談相手として、有馬稲子、岡田茉莉子、淡路恵子の三大女優の名をあげられたので、日程の合った淡路恵子さんにご自宅までお願いに伺い、対談を実現したりもしました。

ところが、誌面を刷新してからしばらくして、自分の生き方に対して悶々とした思いがわき上がってきました。

広報誌の仕事でどんな大作家にも著名人にも会えるのは、トーハンの看板があったからで、自分の実力でも何でもありません。

マラソンにたとえれば、みんなは一生懸命走っているのに、自分だけ自転車に乗っているようなものではないか。各界で活躍される方々にお会いすればするほど、逆に自分の小ささを感じるようになったのです。

新しい世界で自分の力を試してみたい。そう思っているとき、仕事でつき合いのあった評論家大宅壮一さんの門下生の方たちと、テレビドキュメンタリー番組を制作する独立プロダクションを設立する話が持ち上がりました。いま風にいえば、独立起業です。

時代は昭和三〇年代の後半で娯楽の中心は映画からテレビに移りつつありました。「これはやるべき価値がある」。その気になって、出資してくれるスポンサー探しを始め、足を向けたのが以前一度訪ねたことがあるヨーカ堂でした。

独立プロダクション設立の話は立ち消えに

その一年前の話です。漠然と転職を考え、中央大学同期で同じ信州出身の友人に相談したことがありました。

その友人は不動産関係の仕事に就いていて、ヨーカ堂に出入りしていました。あるとき、ヨーカ堂で「うちに来てくれそうな人はいないか」と聞かれ、わたしの名前をあげたというのです。

わたしはヨーカ堂の名前はおろか、総合スーパーという業種についてもほとんど知らなかったほど、流通業にはまったく関心を持っていませんでした。そのときは友人の顔を立てて面接に行きましたが、そのままになっていました。

スポンサーを探すにしても、ほかに思いつく会社もありません。ある会社の経理部に勤めていた友人が取引のある銀行の人に聞いてくれたところ、「ヨーカ堂は手堅い会社」だという話でした。

「だったら大丈夫だろう」と再びヨーカ堂を訪ね、ナンバーツーの本部長に会い、独立プロダクション設立の構想を話しました。

スポンサーになってくれないかと要請すると、本部長は「出資してもいいが、それならうちに入ってやればいいじゃないか」といいます。聞けば、チラシの編集など販促の仕事をしながら、独立プロダクションをつくれそうな話でした。

すっかりその気になり、あとさきを考えずに転職を決めました。

親兄弟は猛反対でした。トーハンの上司からも強く慰留されました。トーハンは大手企業、ヨーカ堂は成長途上とはいえ、まだ五店舗の中小企業です。反対されるのも無理はありません。

ただ、わたしの頭のなかは、「スポンサーになってもらえればいいんだから。ちゃんとした会社のようだから仕事は何だっていい」と、独立プロダクションの構想で一杯でした。

ところが、ヨーカ堂へ転職して、さっそく本部長に話を切り出すと、「あっ、あの話か、あれはいつか将来の話だ」とこともなげにいいます。

独立プロの話は、そのまま自然消滅です。本部長は本当はその気はあまりなく、単に戦力がほしいだけだったのです。

明らかに転職は失敗でした。しかし、親や上司に反対されたのを押し切った以上、「実はちょっと失敗したので辞めます」とは意地でもいえません。

しかも、トーハンでは労働組合の書記長も務めていて、賃金闘争で旗振り役をしていた最中での転職でした。組合が開いてくれた送別会には、三〇人以上いた書記局員全員が集まってくれ、三次会まで一人も帰らず送ってくれました。

わたしが辞めた直後に一律三〇〇〇円も賃上げされたのを、「鈴木が会社側に抗議して辞め、犠牲になってくれたからだ」とみんな思い込んだとあとで聞きました。メンツもあって、「転職に失敗した」とはとてもいえない。ヨーカ堂へとどまるしか選択の余地はありませんでした。

挑戦しようと思って、前に踏み出しても、最初につまずいてしまう。わたしの生き方は、計画的というより、かなり、行き当たりばったりのところがありました。

ここで、そんなわたしのちょっと変わった「行き当たりばったり人生」を少し振り返ってみたいと思います。

4 人生は「計画的」に生きるべきか？

大学二年生で全学自治会の書記長に

わたしは一〇代のころは政治家を志望していました。それは多分にわが家の環境が影響していました。

わが家は一五代続く地主の家系で、父親が郷里の長野県埴科郡坂城町の町長や農協組合長といった公職を務めたため、わが家には毎晩のように、地元の政治家が出入りし、夜遅くまで政治談義に花を咲かせていました。

わたしも門前の小僧でいつか政治家に憧れを抱くようになりました。そのなかに三四歳の若さで衆議院議員に初当選した井出一太郎さんもいて、特に両親とは親しい関係にありました。

井出さんは後に田中角栄内閣が金脈問題により総辞職したあと、総理大臣の座に就いた三木武夫政権下で内閣官房長官を務めました。ロッキード事件が発覚し、解明を急ぐ三木首相に対し、大多数を占める反主流派から〝三木おろし〟の動きが出ると、党内基盤の弱い首相を全力で支えた政治家です。

「政治家志望なら経済学を勉強しておいたほうがいい」

井出さんにそうすすめられて、わたしは中央大学経済学部に入学します。

一年生のときは、授業に出るほかは暇を見つけては、毎日、国会を傍聴したり、地元長野出身で父親と親しい国会議員の事務所に遊びに行っていました。奇妙な学生でしたが、自分ではそれで何かが身につくと真剣に思っていました。

ところが、二年生になって、わたしの学生生活は思わぬ方向に進みます。経済学をきちんと勉強しようと思って、「経済学会」という学生たちで自主運営するゼミに入ったところ、ゼミの先輩から「自治会に入ってくれ」と強引に推挙されてしまいます。わたしが政治に関心を持っていることを知って適任と思ったようです。

全学自治会の委員一五〇人のなかから中央委員三〇人の一人に推されて、すぐに庶務部長に選ばれ、二カ月後には書記長になっていました。全学自治会は左派と右派に分かれており、左右の対立が激化して、就任してまもない三役が総辞職に追い込まれてしまったためです。

もともと、理屈に合わないことには同意できない性分で、右でも左でもなく、何かとあるべき論を唱えていたわたしに大役が回ってきました。二年生の書記長就任は大学創設以降初めてのことでした。

おりしも、学内は「学生選挙権はく奪問題」で揺れていました。「就学のため下宿や寮に居住している学生で学資の大半を郷里からの仕送りに頼っているものの選挙権は就学地ではなく郷里に置く」という自治庁（当時）の秘密通達が発端です。都市部で学生票が社会党などの革新政党に流れるのを抑える意図があったとされます。

地方出身の学生は選挙のたびに郷里に戻って投票しなければならなくなります。「実質的に地方出身学生の選挙権をはく奪するものである」として、各大学の自治会が通達の撤回を求め、選挙権擁護の学生運動を展開しました。中央大学でもデモや抗議集会を繰り返しました。

この問題は最終的に最高裁が学生の選挙権は就業地にあるとの判断を示したことで決着します。

一方、この間、わたしのほうは学生運動にかかわっていたことが郷里の親に知られてしまいます。「そんなことのために大学に行かせているのではない」「続けるなら仕送りは一銭もしない」と、親はカンカンでした。

わたしも学生運動そのものをやりたかったわけではありません。結局、書記長職は二年生のとき一年だけで退任しました。

ただ、その後も左右の対立が表面化して混乱するたびに両派から調停役を頼まれて出て行ったため、いつのまにか「黒幕」というあだ名がつけられました。

就職活動でブラックリストに載る

学生運動にかかわったことがわたしの人生に影響を及ぼすのは、就職活動のシーズンを迎えてからでした。

大学一年のころは漠然と政治家を志望しましたが、多少とも社会を見る目ができてくると、かつてほどは政治に興味を感じなくなっていました。

ならば、民間の企業に就職するかとも考えました。ところが、学生運動にかかわったものは企業のブラックリスト（要注意人物リスト）に載せられ、通常の就職はほとんど道が閉ざされていました。そのことをこのときになって初めて知ったのですから、いかに行き当たりばったりだったかがわかります。

試験が受けられるのはマスコミぐらいです。政治に関心を持ったときにジャーナリストになる道も考えたことがあったので、新聞社の入社試験を受けました。面接試験で、生来のあがり症が出てしまい、結果は不合格でした。

農協の県の幹部を務めていた父親のつてで、主に農家向けの雑誌『家の光』を一〇〇万部以上出していた家の光協会が採ってくれるという話も、急に相手側の方針が変わって、その年は採用がないことになってしまいました。

就職活動のシーズンももう終わりに近づいていました。結局、家の光協会の役員の紹介でトーハンの試験を受けることができて、何とか合格しました。自分ではまったく想定していなかった会社に勤めることになったのです。

懸命に「行き当たりばったり」に生きてきた

就職、転職、新事業の設立……と、わたしは人生の節目節目で必ずしも思いどおり順調に歩んでいったわけではありません。特にヨーカ堂へ転じたときやセブン‐イレブンの事業を始めたときには、明らかに失敗からスタートしています。

世の中には、将来に向けて明確な目標を立て、そこから逆算して目標にいたる道筋を考え、着実に歩んでいく計画的な生き方があります。

一般的にはそのほうが好ましい生き方のように思われているかもしれません。人生は計画的に設計していかなければならないと思われるのは、「計画」や「目標」にはプラスのイメージがあるからでしょう。

計画的な生き方ができずに、自分はダメな人間だと自信をなくしてしまう人もいるでしょう。長期的な目標を立てても、世の中、計画どおり行かないことも多いのも確かです。

しかし、計画的に生きるだけが人間の生き方でしょうか。そのときそのときに直面するものごとに懸命に取り組んでいく生き方もあるのではないか、とわたしは思います。

まわりから見ると、一直線の最短距離ではなく、あっちへ行ったり、こっちへ向いたりと方向が定まらないように見えても、本人からするとそれは真剣にそのときにやるべきだと思い、逃げてはいけないと思ったことに挑んだ結果であり、決してブレてはいない。一本筋が通っている。そんな生き方もあるはずです。

きちっと計画的に人生を歩む生き方と、真剣にそして懸命に「行き当たりばったり」に生きる生き方があるとすれば、わたしは明らかに後者のほうに入ります。

振り返ってみると、わたしは本当に行き当たりばったりの生き方をしてきました。

もともと、何ごとも中途半端にできず、自分なりにきわめないと気がすまない性分があるため、意図せずして外から飛び込んできたことも自分のなかに取り込んで、何とかしようと考えてしまう。損な性分だと思うときもありますが、それがわたしという人間です。

学生運動に深くかかわることになったのも、別に学生運動がしたかったわけではなくて、たまたまゼミの先輩から推されたとき、左派と右派の対立で自治会活動が混乱している状況を見て放っておくことができなかったからです。

学生選挙権はく奪問題にしても、地方出身の学生の一人として傍観者でいられない問題でした。

集会では書記長のわたしも演説を行います。学生運動の演説ですから原稿などは用意しません。わたしは生来のあがり症ですが、何か話さなければならないから強制的に頭を使い、自分の知っていることで話をしようとします。

経営者になってからも、講演や講話はほとんど原稿なしで行いましたが、その即興の力は学生運動で鍛えられた部分が大きいように思います。

そのときどきに出くわしたことから逃げずに、真正面から取り組んで、結果として自分の人生が一段一段積み上がってきた。

一見、行き当たりばったりのように見えても、大切なのは、それが積み上がっていくかどうかです。

何も積み上がらなければ、ただのいい加減で無責任な行き当たりばったりですが、歩んだ足跡として一段一段積み上がっていけば、結果として何かに到達できる。わたしの人生はその繰り返しでした。

5　失敗しても、そこからまた始めればいい

失敗しても逃げてはいけない

トーハンへの入社も自分で志望したわけではありません。めぐりめぐって入ることになった会社でした。

最初の半年は書店から返本されてくる本を梱包して版元へ送り返す地味な実地研修や、毎朝みっちりやらされる算盤の練習ばかりで、「おれたちは算盤を習うために入ったんじゃない」などと減らず口を叩いていました。

変わったのは、入社半年後に出版科学研究所へ配属されてからです。出版科学研究所はトーハンが日本の出版業界の近代化を図るため、設立したばかりの調査研究機関でした。統計らしい統計がなかった出版業界できちっとした統計データをそろえていくのが主な仕事でした。

ここでわたしは二つの分野を徹底して勉強しました。一つは学術的に統計データをとり、納得性を高めるための統計学です。

そして、もう一つは心理学でした。インタビューやアンケート調査を行うとき、答える側が誘導によって心理的な影響を受けないように質問の内容や聞き方に十分配慮する必要があり、それには心理学の知識が不可欠でした。

昼間は外に出て調査にかけずり回り、夜は大学の先生を招いて講義を受ける。統計学と心理学は仕事で使いこなせるよう、猛勉強の毎日でした。

現役時代、わたしはよく、「データ主義の経営者」と評されました。経営的に見てどこかに何らかの問題がある場合、いろいろなデータをとって比較検討すると必ず問題が表れるため、データの検証を非常に重視したからです。

もちろん販売や仕入れの担当者であったら、データばかりでなく、現場も重要です。ただ、わたしは経営という立場で考えなければならないため、データからどれだけ問題点を見抜けるか、その目が求められました。

わたしは世間一般に流布される統計データやアンケート調査などを見ても、グループ全体で一日約二一五〇万人の来店客と商売を通じて接している実感と違えば、必ずしもそのデータを鵜呑みにはしませんでした。
それがどのようにして作成されているかを調べてみると、サンプルが偏っていたり、質問の仕方に無意識のうちに誘導があったりします。

またわたしはことあるごとに、「現代の消費社会は経済学だけでなく、心理学で考えなければならない」と心理学経営の重要性を説き続けました。

経営において、わたしがデータを重視し、心理学的な視点を常に心がけた原点は出版科学研究所で統計学と心理学を猛勉強したことにあります。

トーハンへの入社は、自分で希望したのではなかったとしても、直面した現実には逃げずに真正面から取り組みました。どんな状況に置かれても、懸命に取り組んでいけば、一つひとつ石を積み上げるように、基礎的な力が積み上がっていくものです。

出版科学研究所時代はわたしにとって、いわば、〝隠れた大学院〟ともいうべきものでした。

ヨーカ堂への転職失敗も逆転させた

トーハンからヨーカ堂へは、わたしと同じように新天地を求めていた弘報課の係長と一緒に販促の仕事をするつもりで移りました。

ところが、出社した当日、独立プロダクションの設立について「それならうちに入ってやればいいじゃないか」とわたしを引き入れた本部長は、「販促に社員を二人もあてるほど余裕はないからどちらかだ」といいます。

仕方なく、文章を書かせても、絵を描かせても、わたしよりはるかにうまい元上司が担当になり、一方、わたしに出された指示は、「人事に行って、商品管理課係長の辞令を書いてもらってこい」。

商品管理課とはその場で急きょつくられた部署で、仕事は納品された商品の検品でした。

それから一カ月ほど経って、元上司が「今日は一緒に帰ろう」というので、何か嫌な予感がしました。その日のことはいまも忘れません。上野駅前にずらっと並んだ一杯飲み屋に入ると、元上司がこう切り出しました。

「いやあ、鈴木君、ぼくは君と一緒に来たけれどもね、これじゃあしょうがないから、ぼくは辞めるよ」

「辞めてどうするんですか」

「ぼくは多少、技術があるから、それを活かせるほうへ進む」

元上司はすでに、広告代理店の子会社に転職先を見つけていました。

結局、わたしは販促も担当することになりました。

聞けば、販促担当は二、三年で七人くらい辞めていました。仕入れの商品部と販売の店舗の間に挟まれ、何かあると双方から責められ、文句をいわれやすい。元上司はとっとと見切りをつけてしまったのです。

わたしも三カ月持つかどうか、取引先は賭けをしていたようです。

しかし、わたしは商品部にも、店舗にも、理屈に合わないことは頑として突っぱねました。そのうちどちらからも何もいわれなくなりました。

販促のほか、広報や、人事の責任者も任されました。人事課長の職も、正式な辞令というより、会社の仲間から「労働組合の書記長をやったことがあるなら人事もわかるだろう」と押されてなりました。

いわば〝仲間からの辞令〟です。そんな時代でした。

人事のいちばん大きな仕事は採用です。急成長中のヨーカ堂は毎年求人数が増えていきましたが、六〇年代の花形企業は自動車や家電などの輸出産業で、貴重な労働力はどんどんそちらへ流れていきます。

ただでさえ知名度の低いヨーカ堂は採用活動が苦労の連続で、人事の責任者が次々と辞めていました。

学校の先生や高校生相手に、言葉による説明だけではなかなか総合スーパーという業種を理解してもらえません。わたしは最新式のスライド映写機を抱えて、部下と一緒に全国の高校を回りました。

スライド機材と会社案内の束、出張用の荷物を抱え、全国をめぐる採用行脚は本当に大変でした。いまみたいに車などありません。両手がふさがってしまい、雨が降っても傘をさすこともできない。手ぬぐいで鞄二つを結び、振り分け荷物にして肩にかつぎ、片方の手にはスライド機材、もう一方の手で傘をさして、高校を目指す。まるで時代劇から抜け出てきたような姿でした。

沖縄へは返還前だったためパスポートが必要な時代でした。一年の三分の一から半分は地方出張でした。

企業イメージを高めるため、旺文社とタイアップして高校生懸賞作文コンクールを主催する。入社一、二年の女子社員を同行させ、体験を語ってもらう。社員の育成に責任を持ってもらうため現場の店長も連れて行く。考えられるアイデアは何でも実行しました。

また、ヨーカ堂には高卒も、大卒もいて、中途採用者も多くいました。いかに公平で、魅力ある職場をつくるか。人事制度も自分たちで考え、いろいろ工夫しました。基本的スキルが身についているか、自己評価と上司の評価を面接ですり合わせるセルフチェック制度を発案したのも、納得性を高めるためです。評価も日本人の心理では△(ときどきできている)が多くなるので○×に絞りました。

希望職種の自己申告制度、社内資格制度、週休二日制……等々、後に多くの企業で採用される制度を独力で考え出し、いち早く導入していきました。

こうして人事の責任者を務めたことが結果として、その後のわたしの人生に大きな影響を及ぼすことになります。それは、セブン-イレブンのコンビニエンスストアチェーンを日本でも展開しようと考えたときのことでした。

日本への導入には、社内外から猛烈な反対論がわき上がりました。そのほとんどは、「大型店が成長している時代に小型店の経営が成り立つはずがない」という規模の大小ばかりに着目した議論でした。

これに対し、わたしは人事を担当した立場から、小型店の問題点は生産性の低さにあり、それが市場の変化への対応を困難にさせ、凋落の原因となっているととらえ、これを改善する仕組みさえあれば経営が成り立つという、まったく別の視点を持つにいたるのです。

正直いって、わたしは小売業が好きでヨーカ堂に入ったわけではありません。ただ、理由はどうあれ、自分で決めた以上、自分で責任を持たなければなりません。

成長途上にあったヨーカ堂が人材を必要としていたのは確かでした。特に販売や仕入れといった表舞台が急拡大するなかで、舞台裏の管理部門で何でもこなすような人間が求められていました。そこにたまたまわたしがいた。

人生はめぐり合わせの部分が多分にありますが、そのときのかかわり方次第で、一段一段積み上がっていくかどうか、自分の力として蓄えられていくかどうかが決まる。それはその人の生き方によって左右されます。

わたしの場合、目の前に木が倒れていると、見て見ぬふりをして通り過ぎることができない。ただ、それは特別な生き方ではなく、多くの人が潜在的には持っているものではないでしょうか。

ちなみに、わたしをヨーカ堂へと引き入れた本部長については、その後、一つの逸話があります。

その本部長は取引先との間で公私混同の行為が目立ち、若手社員の間で次第に追及する声があがるようになります。

対応を一任されたわたしは、転職して二年目の一二月の暮れ、上野のとあるホテルの一室に夜中の一二時、一〇人の仲間を集めました。

そして、その場で本部長の辞職を求める連判状をつくると、創業経営者である伊藤雅俊社長（当時）に来ていただき、若手の声を伝えました。

伊藤社長も了解し、本部長は会社を去っていきました。

最大の失敗を最大のチャンスに変える

セブン-イレブンの創業も、最初は失敗からスタートしました。難交渉の末に契約にこぎつけ開示されたマニュアルが、ビジネス環境やインフラが異なる日本では通用しないとすれば、どうすればいいのか。

アメリカでの研修期間中はそのことばかり考え、誰にもいえず、悶々とした毎日を送りました。

しかし、社内外の猛反対を押し切って始めた事業です。

資本金は一億円。「会社を設立するなら、自分たちも出資したほうがいい」と伊藤社長の意向で、資本金の一部をわたし以下、四人の役員で貯金をはたいたり、銀行から借り入れたりして個人出資し、周囲の人たちにも参加を呼びかけた。

新聞広告で募集した社員たちは、製パン会社の元営業マン、労働組合の元専従職員、元自衛隊員など、ほとんどが小売業の経験を持たない素人ばかりでしたが、新しい事業のために集まってくれた人たちです。

そして、何よりも、セブン－イレブンの創業は大型店と小型店の共存共栄を目指したものであり、小型店でも生産性を高め、市場の変化に対応できる仕組みがあれば、それが可能であることを証明しなければなりませんでした。

反対されても踏み切った以上、ここで白旗を揚げるのは自負心が許しませんでした。サウスランド社のマニュアルが使えない以上、すべてを自分たちでゼロからつくり上げるしかない。そう覚悟したことで、日本の流通業の歴史を塗り替える挑戦が始まります。

それは、本当に困難な道のりでした。

大ロットでの仕入れが業界の常識だった時代に小口配送を実現する。メーカーおよびその系列の特約問屋がそれぞれ独自に配送するのが慣習であったのを共同配送に転換する。製パンメーカーには正月も工場を稼働してもらう。一つひとつ不可能を可能にしていきました。

ただ考えてみると、素人集団が日本初の本格的なコンビニエンスストアチェーンに挑戦すると決意したからこそ、あきらめずに一歩一歩進むことができたようにも思えます。

もし、アメリカでのノウハウがある程度使えたら、既存の常識を一つひとつくつがえしていくほどの徹底した取り組みはできなかったかもしれません。

失敗はそのまま何もしなければ失敗に終わります。

しかし、一度失敗しても視点をまったく切り替え、新たに挑戦を始めれば、チャンスへと導き、新しいものを生み出すことができる。最大の失敗は最大のチャンスをつかむきっかけにもなるのです。

重要なのは、そのときどきの状況において、どれだけ挑戦し、どれだけ踏み込んだ判断と行動ができるかどうかです。

こうして自分の「行き当たりばったり」の人生を振り返って、これだけは自信を持っていえるのは、常に自ら考え、自ら行動し、ときには自分の置かれた状況を自ら変えてきたことです。

「自分で考える力」があれば、失敗しても失敗で終わらせず、状況を変え、成功へと結びつけることができる。自ら考え、自ら行動すれば、一歩一歩積み上がっていく。

では、どうすれば、「自分で考える力」がつくのか。わたしが六〇年間続けてきた仕事の仕方について、次の章からお話ししましょう。

第2章

「無」から「有」を生むには「跳ぶ発想」を鍛える

1 「新しいもの」は、いまあるものを結びつけることで生まれる

「日本初」「世界初」はどのように生まれたのか

就職してから六〇年、イトーヨーカ堂に移ってからおよそ五〇年の仕事人生について、職を辞した後、セブン&アイ・ホールディングスの広報スタッフが社内報の特別号を企画し、二〇代から八〇代までのわたしの足跡をたどる記事やインタビュー、年表などを掲載してくれました。

その時代、その時代に、わたしが手がけたことを並べると次のようになります。

【二〇代】

・トーハンで『新刊ニュース』の誌面を全面刷新し、部数を二六倍に拡大

【三〇代】

・イトーヨーカ堂で人事の責任者として新しい人事制度や採用方法を次々考案

・イトーヨーカ堂で労働組合結成を後押し
・イトーヨーカ堂の東証二部上場を実現

【四〇代】

・日本初の本格的コンビニエンスストアチェーン、セブン‐イレブン創業
・ファミリーレストラン、デニーズ創業
・セブン‐イレブンのテレビCMコピー「開いててよかった」発案
・コンビニ店舗でおにぎりやお弁当、おでんを発売
・日本の流通史上初の牛乳の共同配送実現
・設立六年と史上最速（当時）でセブン‐イレブンの東証二部上場を実現

【五〇代】

・イトーヨーカ堂の一九八一年度中間決算の減益を受け、「業務改革委員会」、通称「業革」をスタート
・セブン‐イレブンで世界で初めてPOS（販売時点情報管理）システムをマーケティングに活用するため、全店導入

【六〇代】

・倒産した米サウスランド社の再建に着手し、三年目に黒字転換

・セブン-イレブンのオリジナルパン「焼きたて直送便」発案
・流通業界初の自前の決済専門銀行、セブン銀行設立（当時はアイワイバンク銀行）
・業界の常識をくつがえした高品質・高価格の「こだわりおむすび」発案
【七〇代】
・世界でも類を見ない複合企業体（コングロマリット）、セブン＆アイ・ホールディングス設立
・ミレニアムリテイリング（現そごう・西武）と経営統合
・冷蔵温蔵切り替え式の飲料ケース発案
・「ご用聞き」の復活を提唱
・プライベートブランド（ＰＢ）商品の常識をくつがえしたセブンプレミアム発売
・不況突破企画として「キャッシュバック」キャンペーン、「現金下取りセール」を発案し、注目を浴びる
・セブン-イレブンの新しいコンセプト「近くて便利」発案
【八〇代】
・業界の常識をくつがえしたセブンゴールド「金の食パン」発案
・ネットとリアルを融合した「オムニチャネル」スタート

改めて振り返ってみると、その時代、その時代に合わせた新しい事業、新しい制度や仕組み、新しい商品やサービスを発案し、世の中に送り出してきたように思います。そのなかには、世界初、日本初、業界初のものが多く含まれます。

ただ、わたしとしてはその都度、そんなに難しいことを考えて、発案したり、考案したわけではありません。

新しいものを生み出すといっても、それは何かを創造するというより、世の中にすでにある多くのもののなかから何かを見いだし、結びつけてみようという発想をしてきました。

トーハンでの『新刊ニュース』の誌面刷新も、著名作家や新進気鋭の小説家などが執筆したり、登場したりする軽めの読み物を取り入れましたが、そうした読み物は別段新しいものではありませんでした。

ただ、出版取次会社の広報誌という、新刊を紹介する役割をベースに置きながら、読書家もホッと息抜きができるように、いろいろな企画の読み物を結びつけ、判型も従来の半分のコンパクトなＢ６判に変えて手に取りやすいよう工夫した。

しかも、有料にした。それが、まったく新しい冊子として受け止められ、発行部数を五〇〇〇部から一三万部へと伸ばすことができました。

セブン‐イレブンの創業も、アメリカでたまたま見かけたコンビニエンスストアという業態と、凋落しつつあった日本の小型店を結びつけて発想したのが始まりです。セブン‐イレブンで販売を始めたおにぎりやお弁当も、それまではどの家庭でもごく普通につくられていました。それをコンビニエンスストアと結びつけて、日本型ファストフードという新しい位置づけで売り出しました。

おでんは一九七〇～八〇年代のころは、まだ夕方になると街角に屋台がくり出してきて、明け方までお客が腰かけている光景をよく見かけました。

それを見て、「おでんは日本人の生活から切り離すことができない食べものではないか」と考え、コンビニエンスストアと結びつけたことで、〝コンビニおでん〟という新しいカテゴリーが生まれました。

セブン銀行も、銀行の設立そのものが目的ではなく、従来は銀行の店舗にあったＡＴＭ（現金自動預払機）をコンビニの店舗に設置して、お客様の利便性を高めるのが目的でした。

銀行とＡＴＭの共同運営会社を設立する方法もありましたが、ＡＴＭの設置場所や手数料の設定を自分たちで主導できるようにするため、自前の銀行設立という方法が選択されました。

セブンプレミアムについても、同様です。流通企業のPBはすでに多くの種類が存在していました。一方、「上質な商品」も特別珍しいものではありませんでした。これを結びつけた結果、既存の概念をくつがえすPBが誕生しました。

セブンプレミアムのワンランク上のセブンゴールドの「金の食パン」も同じです。セブン&アイグループのコンビニ、スーパーでは、食パンのPB商品も扱っていました。一方、街の専門店では高級品も販売されていました。その両方を結びつけた結果、大ヒット商品が生まれたのです。

先進国アメリカの「オムニチャネル」との違い

セブン&アイグループでは二〇一五年一一月から、「オムニチャネル」（サイト名は「オムニ7」）本格稼働を開始しました。

ネット販売とリアル店舗を結びつけ、融合した新しい流通の形です。

その二年前、二〇一三年一一月に開催されたセブン‐イレブン・ジャパン創業四〇周年記念式典において、わたしは「われわれは流通革新の第二ステージに入る」と宣言し、オムニチャネルという概念を初めて公の場で発表しました。

オムニは「あらゆる」、チャネルは「お客様との接点」を意味します。オムニチャネルとは一般的には、「お客様がいつ、どこにいてもほしい商品とつながるように、すべての顧客接点を連携させてアプローチする方法」と説明されます。

オムニチャネルという用語は、アメリカの大手百貨店で全米で数百店舗を展開する「メイシーズ」が、ネットとリアル店舗を組み合わせる概念として二〇一〇年ごろに使用したのが始まりです。以来、アメリカの流通業界で取り組みが広がっていきました。

前々から「これからの流通業はネットとリアルの融合へと進化する」「ネットを制したものがリアルも制する」と唱えてきたわたしの考えと符合するところがあり、以来、わたしもオムニチャネルをグループの推進目標に掲げるようになりました。

ただ、先行したアメリカのオムニチャネルとセブン&アイグループが目指したオムニチャネルでは、大きな違いがありました。

アメリカの場合、百貨店やディスカウントストアといった一業態でリアルとネットを結ぶ取り組みであり、これではお客様はその業態の商品しか購入できず、本当の便利さは提供できません。

これに対し、セブン&アイグループが目指すオムニチャネルは、コンビニ、スーパー、百貨店、各種専門店、レストラン、ネット通販など、グループのあらゆる業態が扱う商品について、二四時間、いつでもどこにいても買いものができ、都合のよい時間や場所で商品を受け取れるようにする。これは世界でも類を見ません。

ここに既存のオムニチャネルとの違いがありました。

「オムニチャネル」と既存のネット通販の決定的違い

このオムニチャネルの構想に対し、マスコミを中心に既存のEコマースやネット通販と同列もしくはその延長線上でとらえる見方が多く見られました。

しかし、セブン&アイグループが推進するオムニチャネルはEコマースやネット通販の専門企業とは決定的な違いがありました。

第一の強みとして、国内総店舗数が一万九〇〇〇店を超えるセブン-イレブンをはじめとするリアル店舗網を持つことです。

新しいニーズを掘り起こすような商品をネットで発信すれば、いまの消費者はアパレル類でもネット上で購買します。同時に、気に入った商品があれば、ネットだけでなく、デパートやスーパーなどのリアルの店舗に行き、自分の目で直接確認して買う動きも生まれていきます。

ウェブルーミングと呼ばれるネットからリアルへの動きです。

実際、オムニチャネルの本格稼働と同時に、そごう・西武とイトーヨーカ堂の店舗、および、オムニ7において、著名デザイナーと共同で開発した新しいアパレルのコレクションの展開を開始したところ、ウェブルーミングの動きが顕著に表れました。

最初にネット上で反響がわき上がります。コレクションの紹介サイトの閲覧件数は最初の一〇日間で一七〇万件を突破し、さらにSNS（ソーシャル・ネットワーキング・サービス）による情報の拡散は約一三〇〇万件にも上りました。

その結果、オムニ7でのコレクションの販売が好調に推移すると同時に、ネットで情報を知ったお客様の多くがコレクションを扱っているリアル店舗に来店され、店舗従業員の接客による説明を受けて商品を購入されました。

接客を通して商品の価値を伝えることができるのも、ネット専門企業とは異なる二つ目の強みです。

特にイトーヨーカ堂ではコレクションを目的に来店されたお客様の三割は従来、ヨーカ堂を利用されたことがなく、オムニ7を見たことがきっかけとなっていました。

一般的に、ネット社会になり、ネットでの販売が増えると、リアルからネットへ顧客が流れ、その分、リアル店舗での販売が減ってしまうと思われがちです。しかし、オムニチャネルでは、むしろ、顧客との直接の接点を担うリアル店舗の質と量が重要なカギを握り、リアル店舗の成長にもつながることが示されました。

一方、リアルからネットへ、ショールーミングと呼ばれる動きも起こります。たとえば、リアル店舗で接客により体のサイズを測ってもらい、ぴったり合ったワイシャツが見つかったら、以降、ネットで同じサイズの商品を購入するといった動きです。

商品の受け取りチャネルとして、セブン‐イレブンの店舗網を使えるため、気に入らなかった商品の返品・返金も簡単にできる。これはネット通販にともなう消費者の不安を解消できるため、大きな意味を持ちます。

オムニチャネルは新商品を生み出す「孵卵器」

セブン&アイグループが推進するオムニチャネルのもっとも大きな強みであり、既存のネット通販との最大の相違点は、自ら商品開発能力やマーチャンダイジング（MD＝商品政策、商品開発）能力を持ち、良質で新しい価値のある商品を生み出せることです。

まだ世の中に知られていない優れた商品を発掘して、ネット上で実験的に販売し、ニーズの高い商品を見きわめてリアル店舗での販売に移行させることも可能です。ユーザーからネット上で発信された情報をもとに独自に開発した斬新な新商品をリアル店舗で売り出すことも考えられるでしょう。

新しい商品は最初からリアル店舗で販売しようと思うと、一定量以上の数量を販売しなければなりませんが、ネットと組み合わせることにより、多品種少量販売も可能になります。

新しい商品をつくって、どんどんネットのサイトに載せ、そのなかから、きわめてニーズの高い商品を見きわめて、リアル店舗での販売に移行させ、ヒット商品へと育てていく。

つまりオムニチャネルが新しい商品を生み出す〝孵卵器〟の役割を果たす。これは、ネットとリアルの両方のチャネルを持つ業態だからこそ可能な展開です。

取り扱う商品の点数で比べれば、既存のEコマースの大手企業のほうが圧倒的に多いでしょう。しかし、既存のEコマース事業者がお客様に対し、どのような価値を提供しているかといえば、ユーザーが選んだ商品を迅速かつ確実に届けるところです。その意味で、本質的には〝運送会社〟と同じです。

一方、セブン&アイグループでは、年間売上高が一兆円を超え、ヒット商品の指標とされる一〇億円を超える売り上げのアイテムが数多くあるセブンプレミアムを生み出したように、商品開発力は圧倒的な強さを誇ります。

オムニチャネルは、ネットとリアルを融合するからこそ開発可能な商品を次々生み出し、流通の新しい業態をつくり出す。これをわたしは「流通のあり方の最終形」と呼びました。

このオムニチャネルの例が示すように、新しいものをつくり出すには、世の中にすでにあるものを単に結びつけるだけではなく、新しい価値を生み出せるかどうかが問われます。

ここで、いまはない状態から、新しいものを生み出し、不便や不満を便利や満足へと変えていく発想力が必要になってくるのです。

2 反対論は「過去の延長線上」から出てくる

大ヒットしたセブンプレミアムも猛反対された

これまでにない新しいものを生み出そうとすると、多くの場合、反対にあいます。『新刊ニュース』の誌面を刷新する案については、弘報課の課長も、次長も、部長も、役員も、「われわれプロの長年の経験からして、そう簡単に売れるもんじゃない」とまったく取り合ってもらえませんでした。上司たちは全員、営業畑の人たちでした。

セブン-イレブンの創業も、マーケティングの学者からも、ダイエーの中内㓛社長(当時)をはじめとする業界の人々からも、そして、社内からも、「日本では各地でスーパーが進出し、商店街のかなりの部分が衰退している状況を見ても、小型店が成り立つはずない」と反対されました。

セブン-イレブンでのおにぎりやお弁当の販売も、まわりから「そういうのは家でつくるのが常識だから売れるわけがない」と否定されました。

セブン銀行の設立についても、金融業界を中心に「銀行のATMも飽和状態にあるのに収益源がATMだけで成り立つはずない」「銀行が次々破たんするなかで新規参入しても絶対無理だ」と否定論がわき上がりました。

メインバンクの頭取がわざわざ来訪されて、「銀行をつくるといっても、そんな簡単なものではないですよ。わたしたちが(メインバンクとして)ついていて、失敗させたことになると、笑いものになります。だからおやめになったほうがいいですよ」と、親切に忠告されたこともありました。

セブンプレミアムの開発についても、わたしが「低価格を優先するのではなく、質を徹底して追求するように」という方針を打ち出すと、流通の既存のPB商品は「メーカーのNB(ナショナルブランド)より安い商品」という位置づけが一般的だったため、社内でも否定的な声があがりました。

セブンプレミアムの開発で、それ以上に大きな反論にあったのは、「グループ内のコンビニでも、スーパーでも、百貨店でも、同じ値段で販売するように」という、わたしが指示した方針に対してでした。

コンビニ側はメーカーの希望小売価格より原則的に値を下げて売るスーパーと同じ商品を同じ価格で売るわけにはいかないといい、スーパー側はコンビニや百貨店と違ってどこも価格競争をやっているのだから無理だといい、百貨店側はスーパーやコンビニが扱う商品を百貨店が同じ値段で売るわけにはいかないと、猛反発しました。

こうした反対論はいずれも、既存の常識や概念の延長線上、あるいは、自分たちの過去の経験の延長線上から出てくるものでした。

楽なことほど危険なことはない

セブンプレミアムは二〇〇七年五月に第一弾の発売以降、「NB商品と同等以上の品質をその実勢価格より安い価格で提供する」というコンセプトが支持され、次々とヒット商品を生んでいきました。

ところが、その後、わたしがセブンプレミアムの高級版のセブンゴールドをつくることを発案すると、当初、開発メンバーたちの反応は否定的でした。高級版は「レストランや専門店と同等以上の品質を手ごろな値段で提供する」というコンセプトで、価格はかなり高めになります。

これに対し、「PB商品は顧客の価格に対する要求が強い。だから、価格を高くすると売れないのではないか」というのが否定的な理由でした。

PBの既存の概念を打ち破った開発メンバーでさえも、セブンプレミアムの成功体験に縛られ、いつのまにか、「PB商品＝NBより安い価格で買える商品」という固定観念が再び生まれてしまったのです。

それほどまでに、人間は過去の経験の延長線上で考えてしまいがちです。それは、これまでの延長線上で考えたほうが、楽だからです。

昨日と同じことを今日もやり、明日もやる。しかし、楽なほうに流れたときから、市場の変化に取り残されていく。

変化の時代には、楽なことほど危険なことはないのです。

3 「無」から「有」を生むには「未来を起点にした発想」が大切

一歩先の未来へジャンプする

反対論が過去の延長線上から出てきたのに対し、わたしはいつも、一歩先の未来像を描き、未来の可能性に目を向けました。

『新刊ニュース』は、従来は新刊目録中心でした。しかし、読書家も本だけ読んでいるわけではありません。そこで、「読書家であればあるほどホッと息抜きができる小冊子がほしいのではないか」と思い浮かべたところから、リニューアルを考えました。

セブン‐イレブンの創業もそうです。いくらスーパーが各地に進出しても、大型店だけで流通が成り立ち、すべての需要をまかなえるはずがありません。

お客様は小型店の役割も必要とする。ならば、「大型店と小型店が共存共栄するモデルを示せないだろうか」と思い立ったのが始まりでした。

コンビニ店舗でのおにぎりやお弁当の販売も、日本人も外食の機会が増えてきたなかで、「アメリカのホットドッグに相当するような日本型ファストフードがあったらいいな」と考えたのが始まりでした。

そして、「日本人の誰もが食べるものだからこそ、大きな潜在的需要が見込まれる」「よい材料を使い、徹底的に味を追求して、家庭でつくるものと差別化していけば、必ず支持される」と発案しました。

セブン銀行の設立も、「二四時間三六五日、いつでも下駄履きで近くのコンビニで小口現金を出したり入れたりできたら便利だ」と思っただけで、特に難しいことを考えたわけではありません。

ＰＢの開発も、質を追求するより、低価格を優先した商品をつくるほうが、実は容易です。仮に市場の六割のお客様が低価格を求めているとすれば、売り手の大半はそちらを選ぶでしょう。その結果、飽和状態になり、価格競争に陥ります。実際、低価格優先のＰＢ商品は売れ残ると値下げ販売するケースが見られました。

一方、質を求める四割のお客様のニーズにこたえたら、ほとんど無競争状態で圧倒的な支持が得られます。品質を追求したセブンプレミアムも、セブンゴールドも未来に目を向けた自己差別化戦略でした。

いずれも、過去の延長線上ではなく、一歩先の未来へとジャンプし、「未来を起点にした発想」、すなわち〝跳ぶ発想〟から生まれたものでした。

大ヒットした「現金下取りセール」

一歩先の未来像を描き、未来を起点として発想する。

そして、その未来像を実現するため、世の中にすでにあるものを結びつけて、新しい価値を生み出す。それはどのような考え方をすればいいのか。一つの例を示しましょう。

二〇〇八年九月のリーマンショックに端を発して日本でも景気が急落し、消費不況が深刻化するなかで、買いものをしたお客様のほうが「ありがとうございます」と売り手の店側に礼をいうという不思議な現象がイトーヨーカ堂で起きました。

財布のヒモが固くなり、なかなか買ってもらえない状況になり、売り手のほうが買っていただいたお客様にこれまで以上に礼を述べなければならないのに、なぜ、買い手のお客様のほうが礼をいうのか。

その理由は不景気のまっただなかで、わたしが発案し、ヨーカ堂が業界にさきがけて打ち出して大ヒットした不況突破企画にありました。「現金下取りセール」です。期間中の衣料品の買い上げ金額の合計五〇〇〇円ごとに、お客様の不要になった衣類を一点一〇〇〇円で現金下取りする。

この企画は大好評で回を重ねるごとに、対象品目をスーツ、コート、ハンドバッグ、革靴などから他の衣類、寝具・インテリア用品、鍋・フライパンや食器、電気製品へと広げ、買い上げ合計金額も三〇〇〇円ごとに一点五〇〇円で下取りと、より利用しやすいように設定していきました。

現金下取りセールは理屈で考えれば、割引きと同じです。お買い上げ金額の合計五〇〇〇円ごとに一点一〇〇〇円で現金下取りですから、割引率に換算すれば、二割引きと同じです。むしろ下取り品を持っていく手間もかかります。

なのに、価格の二割引きセール以上に好評で、期間中は売り上げが二〜三割もアップしました。以降、小売業界では追随して下取りセールを始めるところが相次ぎました。

タンスが服でいっぱいなら「なかを空ける仕かけ」を考える

買いものをした側が逆に「ありがとうございます」と礼をいい、下取り用の衣類を持参する手間がかかっても買いものに来店する。

なぜ、現金下取りセールは顧客の財布のヒモが緩んだのでしょうか。

初め、わたしがセールに下取りを組み入れる企画を提案したとき、営業担当の幹部からは効果を疑問視する声が返ってきました。

現金下取りは理屈で考えれば、割引きと同じである。リーマンショック後の不況下では、値下げをしても、割引きをしてもなかなか売れないのだから、お客様は反応せず、うまくいくはずがないと考えたからです。

一方、わたしはまったく別の光景を思い描いていました。

いまはモノ余りで、どの家庭もタンスのなかに服があふれています。着なくなった服は客観的に考えれば、価値はありません。でも、捨てると損するような気がして自分ではなかなか捨てられない。それは心理的なものでしょう。

タンスのなかが服でいっぱいならば、タンスのなかを空ける仕かけを考えればいい。そこで思いついたのが、現金下取りセールでした。下取りであれば、もう着ない服が新たな価値を持つようになり、タンスのなかも空く。ならば、お金に変えて買いものをしようと考え、お店にやってくる。

営業担当の幹部が企画を疑問視したのは、現金下取りは理屈上は割引と同じであるとして、過去の経験の延長線上で「売れるか売れないか」を考えたからでした。

これに対し、わたしは「タンスのなかに服があふれている」現状について、どうすれば買ってもらえるかと考え、「ならば、タンスのなかを空ける」という一歩先のところから発想し、現金下取りと店舗でのセールとを結びつけました。

お客様ももともと、タンスのなかに服があふれていて、もう着なくなった服でもなかなか捨てられないことに、どこか不都合さを感じていたはずです。現金下取りセールは、その不都合さを好都合に変えたことで大ヒットしました。

消費者が不便、不満、不都合に感じていること、あるいは、感じているであろうと思われることについて、どうすれば、これを便利、満足、好都合に転換できるか、一歩先の未来像を描き、それを実現するためには、何と何を結びつければ、新しい価値が生まれるかを考える。

これが「未来を起点にした発想」、つまり、跳ぶ発想です。

4 未来の可能性が見えると違った光景が広がる

過去がいまを決めるのではなく、未来がいまを決める

「こうありたい」とか「こうあるべきだ」、あるいは、「こんなものがあったらいいのではないか」とか「こうすればいいのではないか」といった一歩先の未来像がまずあって、そこからかえりみて過去や現在を問い直し、いま何をなすべきかを発想する。「未来を起点にした発想」の大きな特徴は、未来に何らかの可能性を見いだしたとき、世の中にあるさまざまなものごとが改めて新しい意味を持つようになり、何と何が結びつくか、あるいは、結びつければいいか、気づきが生まれることです。

つまり、過去がいまを決めるのではなく、未来がいまを意味づけ、新しい結びつきを生むのです。

『新刊ニュース』の編集においても、もし、わたしが過去の延長線上で新刊の紹介中心の内容で編集を続けていたら、文豪に誌面に登場願うなど、想像もしなかったでしょう。谷崎潤一郎さんなど、自分の世界の外にいる、はるかに遠い存在でした。

これに対し、「ホッと息抜きができる読み物をそろえた冊子があれば、読書家もお金を出して買いたくなるのではないか」という未来の可能性が見えたとき、それまであまり意識することのなかった著名な作家や文化人の存在が新たに意味を持つようになり、彼らに登場していただいて魅力ある誌面をつくろうというアイデアが生まれました。

そして、それまで意識の外にいた方々がどんどん視野に入ってきて、候補として浮かんでくるようになりました。

セブン－イレブンとの出合いもそうです。

最初、アメリカへ海外研修に行った際、カリフォルニアの道路脇に立つセブン－イレブンに立ち寄ったときは、食品や雑貨が並んだスーパーを小型にしたような店内を見て回りながら、「アメリカにもこんな小さな店があるんだ」といった程度の印象でした。

もし、わたしが「小が大に勝てるはずがない」という既存の考えに縛られていたら、そのまま終わっていたでしょう。

そうではなく、わたしは以前から、「大型店と小型店の共存共栄を実現したい」「小型店の生産性を高めればそれが可能になるはずだ」という未来像を描いていました。

帰国後、セブン－イレブンが全米で四〇〇〇店もチェーン展開していることを知って、「道路脇の小さな店」が意味を持って脳裏に浮かびあがりました。そして、「大は小に勝つ」という考え方が問い直され、日本初の本格的コンビニエンスストアチェーンが創設されることになったのです。

過去の経験という〝フィルター〟が未来を見えなくする

未来の可能性に目を向けると、それまでは意識の外にあった新しい光景が視野に入ってくる。

過去や現在をそのまま受け入れるのではなく、まず未来に目を向け、新しい可能性を見いだしたら、そこからかえりみて過去や現在を否定し、新しい光景のなかで挑戦を始めてみることです。

セブン銀行を創業するときも、既存のＡＴＭは一台八〇〇万円以上して、その延長線上では確かに経営的に成り立たせるのは困難でした。

しかし、「セブン‐イレブンの店舗にATMがあれば利便性は飛躍的に高まる」という未来像が明確になったことで、一台八〇〇万円以上かかるコスト構造が徹底して問い直され、まったく別の視点から開発を進めて一台二〇〇万円程度ですむATMが実現しました。

ここで考えるべきなのは、過去の延長線上で考えるのと「未来を起点にした発想」のどちらが人間にとって本来的な生き方かということです。

過去の延長線上では「これまでこうだったのだから、これからもこうなるだろう」と、どこか冷めた傍観者の生き方になりがちです。

そういう生き方をする人は、未来の可能性を見ようとしないのではありません。視界に過去の経験や既存の常識といった〝フィルター〟がかかり、見ようとしても見えなくなってしまうのです。

一方、「未来を起点にした発想」は「こうありたい」「こうあるべきだ」という思いが根底にあるため主体的な生き方になります。

視界にフィルターがかかっていないので、常に未来の可能性が見える。それは仕事においても優れた業績に結びつくはずです。

第3章

「できない理由」をあげるより「実現する方法」を考えよう

1
「失敗してはいけない」と思うと過去の経験に縛られる

セブン‐イレブンの「ストア・イノベーション」

二〇一二年七月のある日、わたしはセブン&アイ・ホールディングスの会長室で、セブン‐イレブン・ジャパンの男女三名の社員に向かって、次のような指示を出しました。

「一〇年後、二〇年後、セブン‐イレブンはどうあるべきなのか。過去の経験をすべて否定し、いままでにない新しいことに挑戦してください」

その際、わたしはこう付言しました。

「いくらお金を使っても、どれだけ失敗しても、店がつぶれてもかまいません。会社に出社しなくてもいい。ただ、全力で新たなことに挑戦するように」

これから先のセブン‐イレブン像を模索する。そのために社内から選抜された三〇～四〇代の中堅社員三名は、以降、形式上は本部の企画部門に属しましたが、机があるわけでも、上司がいるわけでもなく、まったくの遊軍の特命チームとして動き出しました。

プロジェクトは「ストア・イノベーション」と命名されました。

特命チームは翌二〇一三年二月、東京郊外のセブン‐イレブンの直営店での実証実験を開始します。

地域特有の商圏ニーズに対応するため、本部が想定したモデル店舗のレイアウトにとらわれず、いわゆる「家飲み」の需要にこたえるコーナーや、来店の多い若い女性客向けの商品を一定のコンセプトで横断的に集めたコーナーを設けるなど、これまでのセブン‐イレブンとは大きく異なる店づくりに挑戦し、実験開始前は四〇万円程度だった平均日販を一〇〇万円近くまで伸ばすことに成功しました。

イトーヨーカ堂の「独立運営店舗」

このストア・イノベーションの成果を受けて、二〇一四年一月からは、イトーヨーカ堂において、「独立運営店舗」の取り組みを開始しました。

戦後の日本社会は、第一フェーズの「メーカーによる合理化の時代」から始まり、第二フェーズの「流通による合理化の時代」を経て、いまは第三フェーズの「消費者による生活の合理化の時代」に入っています。

総合スーパー（ＧＭＳ）が繁栄を誇ったのは「流通による合理化の時代」で、他チェーンと同じ商品を大量販売すれば成り立ったため、本部は商品について全責任を負い、メーカーから大量に仕入れて各店舗に供給し、店舗は販売だけを行うというチェーンストア・オペレーションが普及しました。

しかし、いまは消費者自身が自分たちの生活にとって、もっとも合理的なあり方を考え、それに合わせてモノや流通のあり方を選ぶようになっています。

そこで、イトーヨーカ堂においても、チェーンストア経営から脱却し、地域の商圏の固有のニーズに対応する個店経営を目指すことを目的に、店長を中心に自由な発想で営業する実証実験として開始したのが独立運営店舗でした。

その実証実験を行う東京近郊のイトーヨーカ堂店舗の新店長として着任する社員を本部に呼んだ際、わたしはこう指示しました。

「売り上げが半分になってもいい。好きにやりなさい」

その東京近郊の店舗は、半年前に新規オープンしましたが、平日の来店客が伸び悩み、売り上げは予算未達が続き、店舗のスタッフたちも自信を喪失しているような状態にありました。

新店長は本部の商品部主導の全国一律の品揃えを転換し、地域のニーズにこたえるための品揃えを自分たちで考える運営へと転換していきました。

店舗スタッフを通してお客様の声を吸い上げ、それを品揃えに反映する。「魚の食べ方や調理の仕方がわからない」という声が多かったため、接客に力を入れ、お客様と対話しながら、調理法を提案し、潜在的なニーズを掘り起こしていきました。

「バーベキューをやりたくても近所のバーベキュー場はいつも予約がいっぱいでなかなか使えない」というお客様の声をきっかけに、ほとんど利用されていなかった屋外テラスを使い、コンロを無料で貸し出し、店内で買った肉や野菜をお客様に自分で焼いてもらう「セルフバーベキュー」コーナーをオープンしたところ、大ヒットし、四カ月で一万人もの来場者がありました。

また、地元出身のパート社員の主婦としての意見や提案もどんどん吸い上げ、郷土食のメニューを増やしたり、女性に人気のありそうな商品を商品部に要請して仕入れるなど、全員の力を引き出していきました。

その結果、売り上げは前年を上回るようになり、全社でもっとも伸び率の高い店舗になっていきました。

人間は根本的には「成功させよう」と思う

セブン-イレブンのストア・イノベーションチームや、イトーヨーカ堂の独立運営店舗の新店長に対し、なぜ、「失敗してもかまわない」といったのか。それは、新しい考え方をしないと、既存のあり方から飛び出せないからです。

単に「新しいものをつくれ」といっても抽象的で、相手はなかなか理解できません。だから逆に、いままでのものを全部壊して、それで店がつぶれることになってもかまわないから、新しいことをやればいいんだといって、発想を豊かにしてやり、いまいるところから飛び出させようとしたのです。

もし、わたしが「必ず成功させるように」といったら、絶対、これまでのやり方に縛られてしまったでしょう。

ストア・イノベーションチームも、独立運営店舗の新店長も成功するにいたりました。それは、「失敗してもかまわない」といわれたことで、過去を否定し、これまでとは違うやり方にジャンプし、跳ぶ発想ができたからでしょう。

人間は何かに挑戦しようとすれば、「成功させよう」という思いがわいてきます。それは人間としての根本的な思いでしょう。ただ、同時に、「失敗してはいけない」

という思いも抱いてしまいがちです。

「失敗してはいけない」と思うと、どこかで旧来のものを守ろうとする意識が働いて、過去の延長線上から飛び出すことができなくなってしまう。

初めから「失敗する」と思うなら挑戦などできないのは当然ですが、挑戦するときに「失敗してはいけない」と思うと、逆に挑戦ができなくなってしまうのです。

仕事に失敗はつきもので、最初からすべてにわたってよほどよい条件に恵まれていない限り、全部成功するなどということはあり得ません。

「失敗してもすぐに忘れて仕切り直せばいい」と思えば、一歩先へとジャンプして発想できる。いくつか挑戦して、そのなかのあることに成功すると、「これができたのだから今度はこれに挑戦しよう」と次の段階へと進み、最後は成功にいたる。

イトーヨーカ堂の独立運営店舗の実験店を任された店長は、あとから振り返って、「好きにやっていいといわれて、数字がつくれなければ店長失格です。どんなことをしても数字を上げようと思いました」と語っています。

何かに挑戦しようとするとき、大切なのは「成功させよう」という根本的な思いです。その思いが視点を未来に向けさせるのです。

2
「実現する方法」がなければ自分たちで考えればいい

常識を破らないと感動を伝える仕事はできない

いままでにない新しいものを生み出し、挑戦しようとするとき、必ずしも実現する方法がそろっているとは限りません。というよりは、誰もやっていないことに挑戦する場合、必要な条件がほとんどそろっていないと考えたほうがいいでしょう。

目指すものを実現する方法がいまなければ、自分たちで方法を考える。必要な条件がそろっていなければ、その条件そのものを変えていく。

その際、忘れてならないのは、既存の常識を破らない限り、新しいこともできなければ、人々を感動させることもできないということです。

セブン-イレブンのチェーンを日本で始めたときも、サウスランド社のマニュアルは日本ではほとんど通用せず、素人集団が自分たちで実現する方法をそろえていかなければなりませんでした。

卸問屋からの小口配送もそうです。一九七四年に東京・江東区豊洲で第一号店をオープンしたころは、どの商品も大きなロットでまとめて仕入れ、その在庫がなくならないと、次の仕入れができなかったため、あまり売れない商品は大量に残り、よく売れるものはしばしば欠品していました。

一号店のオープン当初の一カ月の平均日販は三七万円と、以前、オーナーが酒店を営んでいたころの二倍以上に伸びましたが、在庫は一三〇〇万円にも達しました。現在の全店の一店舗あたりの平均日販が約六六万円（二〇一六年二月期）に対して、在庫はその一〇倍ほどですから、いかに不良在庫が多かったかわかります。

このままでは日販も利益も伸びません。商品の仕入れ単位を大口のロットから小口にして、問屋から小口配送してもらう必要があります。それは当時の物流の常識とはまったく相容れないものでした。

しかし、この常識を変えていかない限り、セブン‐イレブンのチェーン展開など不可能です。なかなか承伏しない問屋を回って、ねばり強く説得を続け、小口配送を少しずつ実現していきました。

共同配送も同様です。オープン当初、一店舗への納品車両台数は一日七〇台にも上りました。次々と納品車両がやってきますから仕事になりません。どうにかして共同配送が実現できないか。これも、自社の商品しか運搬しないというメーカーやその系列の特約問屋を説得し、一日九台にまで削減していったのです。

素人の発想で過去を否定する

セブン-イレブン・ジャパンは設立六年で東証二部上場を果たします。当時としては史上最短でした。

わたしは一九七三年に創業し、まだ一店舗も出していないころから、「最短で上場会社にする」と周囲に話し、「出店もしていないのに」と笑われました。

ただ、最短の上場が目的だったわけではありません。親会社のイトーヨーカ堂は自分たちの出店に資金を投じるのに精一杯でした。できる限り早く上場しないと資金調達の方法がなかったのです。

結果として史上最短を実現することになりました。

セブン銀行を設立するとき、それまで一台八〇〇万円以上したATMを二〇〇万円程度で開発したと先ほど述べました。一台八〇〇万円では経営的に成り立たないため、メーカーやシステム会社などと一緒にプロジェクトチームを組み、開発当初から運営面も含めて、徹底してローコストを追求したことで実現したものです。

たとえば、各種取引によるコンピュータ処理、システム監視、警備、電話と従来は四回線必要としたものを一から見直し、一回線に絞るといった、既存の金融業界の常識では出てこない工夫により、大幅なコストダウンを可能にしました。

目指すものを実現する方法がなく、壁にぶち当たれば、自分たちで実現する方法を考えて壁を打ち破り、道を切り開いていく。必要な条件がそろっていなければ、その条件そのものを変えていく。

セブン‐イレブンの創業当時のチェーン展開にしろ、セブン銀行にしろ、素人集団だったからこそ過去の経験に縛られず、既存の常識がつくり上げた壁を打ち破ることができたともいえます。

実現する方法を自分たちでつくっていくとき、いかに過去の経験や既存の常識の呪縛から解き放たれるか。その意味ではなまじ経験豊富な玄人より、何ものにも染まっていない素人のほうが新しい発想ができるともいえます。大切なのは、常に過去を否定していくことです。

3 「できない」という前に「できる方法」を考える

制約条件固定から制約条件排除へ

何かものごとを始めるとき、いろいろな制約条件を調べ上げ、「できない理由」をいくつも並べて、「不可能である」とか「きわめて困難である」と結論づける人たちがいます。

なかには細かな制約条件を見つけられることが優秀さの証明であると勘違いする人もいるようです。いわゆる偏差値的な能力に秀でているだけの人によく見受けられます。このような制約条件固定型の人には、新しい挑戦はとうてい不可能でしょう。

制約を排除すれば、多くのことが不可能から可能に変わります。

たとえば、セブン‐イレブンが二〇〇〇年からコンビニ業界でいち早く開始した食事の宅配サービス事業「セブンミール」です。

お客様がメニューのなかから日替わり弁当や惣菜、加工食品などを選び、インターネット、電話、ＦＡＸ、店頭で注文すると年中無休で指定の日時に商品が届けられるという、食事や食材の「ご用聞き」サービスです。

これも少子高齢化が進行し、夫婦二人や単身世帯の高齢者が増えていったとき、栄養バランスがとれた食事や食材が宅配されれば、必ず利用してもらえると、未来を起点にして、わたしが発案したものでした。

このセブンミールの事業も途中まではなかなか軌道に乗らず、社内で「これ以上継続するのは難しい」と限界説が出たことがありました。

そのころは、委託した宅配業者が専用車で配達し、お客様から二〇〇円の送料をいただく方式でした。この送料がお客様にとっては負担となり、需要が伸びない一因となっていました。

限界説が出たのは、宅配業者による配達という条件のなかで考えていたからです。問題を解決するには、この制約条件を排除すればいいわけです。では、誰が配達するのか。わたしはお客様のいちばん近くにあるセブン‐イレブンの店舗がその役割を担えばいいと考えました。

セブン‐イレブンの店舗のスタッフがお店に納品されたお弁当類をお客様に配達し、

注文が五〇〇円以上なら配達料は無料になる。店舗側には配達した分のインセンティブが入るほか、配達時にお店にある商品の注文のご用聞きができます。お客様もいつも配達してくれるスタッフと顔見知りになれば、会話を楽しむこともできます。

このスキームに切り替えてから、注文が前年の四倍に伸びたほど、需要が増え、事業は軌道に乗りました。

さらに、地域自治体と連携し、セブンミールの配達時に、一人暮らしのお年寄りの見守りを行う活動へと発展していきました。

「できない理由」は本当に「できない理由」か

トーハンで『新刊ニュース』の誌面を全面的に刷新したときも、最初は発行部数をもっと増やしたいと思ったのがきっかけでした。

課長に「部数を増やしたい」と申し出ても、「これ以上宣伝費はかけられない」と相手にしてくれません。もともと無料配布で、費用は書店とトーハンが折半していたからです。

「無料配布」という制約条件の範囲内で考えている限り、部数を増やすことはできない。

そこで、広報誌でも、中身を面白くして有料で販売するという方法を考えたのです。

制約条件を固定し、その枠内で一所懸命努力を繰り返しても成果が出ないという閉塞した循環を繰り返すのか。困難であっても制約条件を排除し、正しいことに挑戦して成果を出していこうと踏み出し、結果的に顧客の支持を得て、コスト的な問題も解決されていくという良循環に入っていくか。

「できない理由」をあげる前にもう一度問い直してほしいのは、いま、「できない理由」と考えていることは本当に「できない理由」なのかということです。

第4章

「仕事の分母」には「売り手」ではなく常に「お客様」を置くと真実が見える

1　「お客様のために」ではなく「お客様の立場で」考える

「満腹の来客」に料理を出してはいけない

たとえば、あなたがいま食事を終えたばかりで満腹だったとします。そして、あるお宅を訪問したとします。

そのお宅では、来客に食べてもらおうと、自慢のおいしい料理をつくっていました。お客が来たので、「お客のためになる」と思って料理を出します。あなたが満腹を理由に辞退すると、「せっかくつくったのに」と不満に思うでしょう。そのとき、満腹という来客の都合より、料理を準備したという自分の都合が優先しているはずです。

しかし、そのお宅の人が最初に行うべきは、お客が空腹であるのかないのか、「お客の立場で」考えて確認することでした。

あるいは、自分の子どもを叱るときのことを考えてみてください。おそらく世の中の親たちは、「子どものために」なると思って叱っているでしょう。

叱ってもいうことを聞かないと、「あなたのためにいっているのに、何でいうことがわからないのか」とますます子どもを叱ろうとします。このとき、自分の経験から、わが子はこうあるべきだという考えや感情が優先しているはずです。

つまり、「子どものために」といいつつ、実は親の都合で考えていることが多いのではないのでしょうか。

しかし、子どもは日々成長しています。取り巻く社会的環境も親世代が子どもだったころとは大きく変化しています。もし、「子どもの立場で」考え、その心情も理解して叱ったなら、叱り方は大きく違ってくるでしょうし、子どもの反応も変わるはずです。

それは、売り手とお客様の関係においても、そのまま当てはまります。

「お客様のために」は売り手の「押しつけ」が入りがち

わたしは自分の経営に対する考え方をさまざまな言葉で表現してきました。そのなかでも代表格が次のフレーズです。

「お客様のために」ではなく、「お客様の立場で」考える。

両者は一見、同じように見えて、考えることや行うことがまったく逆になる場合が実は多いのです。端的な例が、セブンプレミアムに対するわたしの考え方とグループ各社の反論でした。

セブンプレミアムについて、わたしが「グループ内のコンビニでも、スーパーでも、百貨店でも、同じ値段で販売するように」という方針を示すと、グループ各社は業態の違いを理由に猛反発しました。

しかし、「業態」とはそもそも誰が決めたのでしょうか。

反対論に対し、わたしはこうこたえました。コンビニと、スーパーと、百貨店は違うという区分けは、売り手側が観念的にそう決めつけているだけではないか。

日本では一人のお客様が、コンビニも利用すれば、スーパーでも買いものをし、百貨店にも足を運ぶ。お客様はセブンプレミアムの商品について、「これは二〇〇円を出しても買うだけの価値がある」と思えば、セブン‐イレブンでも、ヨーカ堂でも、そごう・西武でもお買い求めになる。どちらも同じ値段だから買わないとは思わない。

重要なのは、自分たちの固定観念を否定し、セブン‐イレブンだろうと、ヨーカ堂だろうと、そごう・西武だろうと、同じ値段で販売しても価値を感じて買ってもらえるような、価格を超越した、これまでにない新しい商品を開発していくことではないか。

そう説いて、プロジェクトを推進しました。

各社のいい分は、業態が違うのだから、同じ商品を同じ価格で販売するのは「お客様のためにならない」という考え方でした。それに対し、わたしは「お客様の立場で」考えました。

わたしたちが「お客様のために」と考えるときはたいてい、どこかに売り手側の都合が無意識のうちに入っていて、実態はその「押しつけ」になっていたりする。あるいは、お客様が求めるものについて、自分の経験をもとに、「お客とはこういうものだ」「こうあるべきだ」という「決めつけ」が入っていることが多い。だから、やってみてうまくいかないと、「こんなに努力しているのにお客はわかってくれない」と、途端にお客様を責め始める。これは努力の押しつけにすぎません。

わたしが現役時代、社員たちに「『お客様のために』ではなく『お客様の立場で』考える」と繰り返し説いたのは、押しつけや決めつけを排除するためでした。

「お客様の立場で」考えると売り上げが変わる

「お客様の立場で」考えることを追求してきたセブン&アイグループでも、それが徹底できていない部分もありました。

セブン‐イレブンのマーチャンダイジングでさえもそうです。

二〇一四年三月、わたしは関西地域での商品づくりのあり方をゼロから見直すため、「西日本プロジェクト」を立ち上げさせました。

セブン‐イレブンは関西地域でもコンビニ業界の平均日販ではトップに立っていましたが、東京と比べると数万円の差がありました。その差を埋めることが西日本プロジェクトに課した基本的な使命でした。

プロジェクトのメンバーは、地域を知り、地元の味を知るため、老舗の料理店、各地の市場や商店街を回るなど、徹底してリサーチを行いました。その結果、セブン‐イレブンの商品が地域の求める味にこたえられていない現状が浮かびあがります。

たとえば、ざるそばです。関東では濃いめのつゆに麺を軽くつけて食べるのに対し、関西では薄いつゆに麺をしっかりとくぐらせて食べます。

しかし、東京に本部を置くセブン‐イレブンには関東流をベースとした「理想型」

があり、それが「お客様のために」なるという思い込みがありました。

その結果、関西で売り上げが伸びなくても、「関西ではざるそばは人気がない」と決めつけていたのです。

そこで、つゆを地域が求める味に変え、関西地区限定で発売すると、ざるそばの販売個数は全国平均を超えるようになりました。


惣菜メニューの肉じゃがも、関東では豚肉を使いますが、牛肉文化圏の関西では牛肉を使います。全国共通で豚肉を使っていたセブンプレミアムの肉じゃがは、関西では全国平均の販売個数の半分程度でした。

これを牛肉に替え、牛肉の使用を前面に打ち出すと販売個数は三倍に増えました。

玉子焼きも、出汁にこだわる関西の食文化に合わせ、だし巻き玉子を発売すると、関西地区の玉子焼きの売り上げは全国一位になりました。


第3章で紹介したストア・イノベーションプロジェクトにおいても、同じような実態が浮かびあがりました。

ストア・イノベーションプロジェクトは東京近郊での実証実験に続き、地方店舗での可能性を探るため、長野県の店舗で実証実験が進められました。

チームのメンバーがリサーチをすると、長野県は魚肉ソーセージの消費量が全国でいちばん多いことがわかりました。しかし、セブン‐イレブンの店舗での魚肉ソーセージの売り上げは特に高くはありませんでした。

そこで、地区事務所で加盟店の会計を担当する現地採用の女性社員に集まってもらい、魚肉ソーセージの食べ方を聞いたところ、東京の本部の発想ではまったく想像もつかない使われ方をしていることが判明します。

地元ではのり巻きやポテトサラダの具、天ぷら、煮物、ピザトースト……等々、料理の素材・具材として使っていて、それが消費量の多さに表れていたのです。

一方、セブン‐イレブンの店舗では、魚肉ソーセージは本部が決めた商品分類どおりに、お酒のつまみ類のカテゴリーである「珍味・缶詰類」の売場に陳列されていました。地元出身のパート従業員も、「セブン‐イレブンではこの売場に並べるもの」と思い込んでいたようです。

そこで、豆腐や納豆、練り物などの生活デイリーの棚へ移したところ、売り上げは三倍以上に増えました。

また、ストア・イノベーションのプロジェクトでは、セブン－イレブンの店づくりが、これまでは本部の大多数を占める男性の価値基準に基づいて行われていたことも判明しました。

たとえば、女性用のストッキングです。女性社員の声を拾ってみると、女性のお客様がコンビニでストッキングをお買い求めになるのは、ファッションのためというより、伝線などの緊急対応のケースが多く、買っても着替える場所で不自由していた。ところが、セブン－イレブンでは、ストッキングを商品として並べるだけです。そこで、実験店舗のトイレに着替え用のチェンジングボードを設置したところ、ストッキングの売り上げが三倍に伸びました。

飲料水やお茶などのソフトドリンク類も、男性の場合、よく冷えているほうが「お客様のために」なると考えがちです。

しかし、女性の場合、冷えた飲料は体が冷える、あるいは、飲み残しの冷えたボトルを鞄にそのまま入れると、ボトルが汗をかいてまわりが濡れてしまうといった潜在的な不満がありました。そこで、実験店舗で常温帯のドリンクも揃えたところ、売り上げは五割増しになりました。

「お客様の立場で」考えることを基本としているセブン－イレブンでさえも、仕事のあり方が東京の発想が中心であったり、男性の価値観が基準であったりして無意識のうちにも、売り手として押しつけや決めつけがあったということです。

西日本プロジェクトやストア・イノベーションでの取り組みは、自分たちの仕事のあり方をもう一度、「お客様の立場で」問い直すと、まだまだ業績を伸ばすことが可能であることを示しました。

「お客様のために」努力しても売れないのはなぜか

「読書家であればあるほどホッと息抜きができる小冊子がほしいのではないか」と思い浮かべた『新刊ニュース』のリニューアルも、「日本人の誰もが食べるものだからこそ差別化していけば必ず支持される」と発案したセブン-イレブンでのおにぎりやお弁当の販売も、「いつでも下駄履きで近くのコンビニで小口現金を出したり入れたりできたら便利だ」と思って設立したセブン銀行も、「お客様の立場で」考えたことで生まれた発想です。

いままでにない状態から、新しいものを生み出すには、「未来を起点にした発想」が求められる。そして、一歩先の未来像を描くときには、常にお客様を起点にして「お客様の立場で」考えなければならない。

「自分たちはお客様のためにこんなに頑張っているのになぜ売れないのか」もし、そう思い悩んでいるとすれば、売れない理由は「お客様のために」と考えていること自体にあると気づくべきでしょう。

2 「お客様のために」といいつつ売り手の都合で考えてはいないか

パン専用工場も「お客様のために」の発想からは生まれなかった

大ヒットした「金の食パン」はセブン-イレブンの専用工場だから、材料にも、製法にもこだわり抜いて実現できた商品です。パンの専用工場は、セブン-イレブンが一九九三年から販売を開始したオリジナル商品の「焼きたて直送便」のためにつくられたのが始まりでした。

この「焼きたて直送便」も、「お客様のために」の発想で考えていたら絶対に出てこない商品でした。

「お客様のために」と考える発想のもう一つの問題点は、お客様のためにといいながら、自分たちのできる範囲内、あるいはいまある制度やシステムの範囲内で行っているにすぎないケースが多いことです。

セブン‐イレブンではそれまで、大手製パンメーカーのＮＢ商品を扱っていました。ＮＢ商品は全国の限られた拠点の工場から、全国津々浦々の販売店まで配送されます。ここで、「お客様のために」なることをしようと考えるとどうなるでしょうか。

都心部も地方も、どの店にも均質な商品を届け、お客様がいつでもパンを買えるようにしようとすれば、味や鮮度より食の安全を優先し、日持ちのよさを前提とした品質保持に注力した商品設計になるでしょう。既存の仕組みのなかで最大限の努力をしようとする発想です。

「お客様のために」といいながら、結局は売り手やつくり手の都合で考えざるを得ないのです。

これに対し、「お客様の立場で」考えたらどうなるでしょうか。食の安全が確保されるだけでなく、味や鮮度の面でも優れた焼きたてのパンがいつでも買うことができれば、お客様はそれを望むはずです。それがお客様の心理であり、潜在的なニーズであるはずです。

「お客様の立場で」考えれば、これまでは味や鮮度が多少落ちることを我慢していたお客様の心理がわかる。

とすれば、お客様にいつでも焼きたてのおいしいパンを提供できるように、製造工場をできるだけ店舗の近くに配置がえしたり、販売のピークに合わせてタイムリーに納品できるように、製造から配送まですべてをゼロから組み直さなければならないはずです。これが「お客様の立場で」考える仕事の仕方です。

つまり、製造や物流の仕組みの範囲内で商品特性の最適化を図るのではなく、お客様のニーズをすべての起点にし、そこから製造や物流のあり方を考え、新しい仕組みを実現する。それには、セブン－イレブン独自の販売体制に対応が可能な専用工場が必要になるのは明らかでした。

そこで、独自の技術を持っているパンメーカーを探し、各地の地元食品メーカーの協力を仰ぎながら、専用工場を各地につくり、「焼きたて直送便」の販売を開始し、順次全国展開していったのです。

売り手の「好都合」は買い手の「不都合」

パンの専用工場の例は、買い手市場の時代に求められる売り手側の基本的な意識の持ち方を端的に物語っています。

パンをつくるには大きい工場で大量生産したほうが生産性は上がり、売り手としては好都合です。しかし、配送に時間がかかるため鮮度は落ち、買い手にとっては不都合です。

一方、小さな工場を各地にたくさん設置すると大工場と比べて生産性は落ち、売り手としては不都合ですが、できたてのパンが近くの店でいつも手に入るので、買い手にとっては好都合です。

売り手にとって都合のよいことは、買い手にとっては不都合なことが多く、買い手にとって都合のよいことは、売り手にとって不都合なことが多い。買い手市場において問われるのは、売り手がいかに買い手の都合に合わせていけるかどうかです。

「仕方がない」と思ったときからお客様は離反する

「いまは合理性を追求する時代である」といえば、誰もがそのとおりだと思うでしょう。そのとき注意すべきなのは、それは売り手にとって合理的なのか、買い手にとって合理的なのかをしっかり見きわめることです。

いまの日本社会は、「メーカーによる合理化の時代」「流通による合理化の時代」を経て、「消費者による生活の合理化の時代」に入っています。消費者自身が自分たちの生活にとって、もっとも合理的なあり方を考え、それに合わせて商品やサービスを選ぶようになった。

ところが、わたしたちが合理的という言葉を使うときは、売り手側の都合で考えていることが非常に多い。そのため、売り手側が合理性を追求すればするほど、お客様が本当に求めているものとの隔たりが深まっていくケースが結構あります。

このとき、「お客様のために」ではなく「お客様の立場で」考えると、どちらの都合で考えているかが見えてきます。そして、本当にやるべきことが浮かびあがる。それがたとえ困難なことであっても、実現すれば必ず、お客様の支持が得られます。「お客様のために」といいながら、売り手側の都合の押しつけになってはいないか。「そこまで求めるのはお客様のわがままだ」「そこまでは変えられない」「それは仕方ない」と考えたときから、お客様は離反していくと考えるべきでしょう。

3 「仕事の分母」を「売り手」から「買い手」に変える

「完売」は「売り手の満足」「買い手の不満足」

わたしは少し前まで、自分でハンドルを握っていたときは、一年中、車内温度を二五度に設定していました。冬でも夏でも、車内では快適だったからです。

しかし、冬場、もし、外の気温が二五度まで上がったら、ものすごく暑く感じるでしょう。逆に夏は外が気温二五度だったらものすごく涼しく感じます。同じ二五度でも冬と夏とでは、まったく意味が違ってきます。

ものごとは「分母」に何を置くかによって意味が変わってきます。

それは、わたしたちがお客様相手に行うビジネスや商売においても同じことがいえます。

典型が「完売」です。仮に三〇個仕入れた商品が一日で「完売」したとして、売り手にとっては「お客様に喜んでいただいた」、売れ残りが出ずに「儲かった」になり、「満足」を意味します。

しかし、完売後に来店した買い手から見れば、「ほしい商品が品切れの品揃えの悪い店」になり、「不満足」になります。つまり、同じ「完売」でも、売り手が分母か、買い手が分母かで正反対の意味になるのです。


正月用のお節用品はかつては大きなパック詰めで売るのが恒例でした。家庭では家族団らんで正月を過ごす習慣がまだ残っていて、スーパーも正月は休みで、まとめ買いをしておく必要がありました。それがやがて三六五日営業になり、家庭での団らんもなくなりつつありました。

ところが、売り手から見ると、大きなパック詰めは「お買い得」を意味したため、店頭に並べ続けました。その結果、売り上げはどんどん落ちていきました。買い手から見ると、「必要以上に買わされる押しつけ」となったからです。

逆に「量り売り」は売り手から見ると、「手間がかかる」になりますが、買い手にとっては、「うれしい買い方」になります。売り手が分母か、買い手が分母かで正反対の意味になるのです。

「金の食パン」発売日にリニューアルを指示した理由

わたしは「おいしいものには、もう一つ、裏返しの意味があって、それは〝飽きる〟ということである。おいしければおいしいほど、それと同じくらい飽きる」という考え方をマーチャンダイジングの基本に据えてきました。

「おいしいもの」ははじめのうちは、売り手にとっては「売れるもの」、買い手にとっては「買いたいもの」で一致します。

ところが、これが時間の経過とともに繰り返されるうちに、売り手は「売れるもの」と思い込んでいるのに、買い手にとっては意味が「飽きるもの」に変わり、ズレが生じるようになる。

セブンゴールドの「金の食パン」が発売された二〇一三年四月一六日のその日に、わたしは商品開発のメンバーたちに対し、「すぐにリニューアルに着手するように」と指示を出しました。その理由も、そこにありました。

「金の食パン」は際だっておいしい。その分、飽きられる度合いも高い。売り手側の会社のトップとしては発売日には「販促に力を入れるように」と社内に檄をとばすところでしょう。そうではなく、わたしは買い手の視点から見て、飽きられる前によりレベルアップした商品を投入できるよう、準備を始めさせたのです。

仕事においても、分母に売り手を置くか、買い手を置くかでやるべきことが変わるのです。お客様を起点にして「お客様の立場で」考えるとは、仕事の分母は常にお客様でなければならないということです。

リニューアル版は半年後に発売されました。その後も手を休めず、リニューアルは一年で三回行われました。発売一年間で販売個数は三五〇〇万食と、売れ筋のＮＢ商品の二倍に相当する驚異的なヒットを記録します。

それほど支持が得られたのも、お客様を起点にした発想を、そこまで徹底したからでした。

「金の麺」発売当日に全製品の廃棄を指示した理由

「金の食パン」が発売されてから一カ月後の二〇一三年五月、セブンゴールドの新製品、インスタントラーメンの袋麺の「金の麺 塩」を発売する当日、わたしは「この商品の質は販売できるレベルではない」と、すでに各店舗に納品されている六〇〇〇万円分をすべて回収し、廃棄する決断を下しました。

新製品の多さから、試食が発売直前になってしまったのですが、商品の完成度が満足できるレベルに達していませんでした。ただ、別に不純物が混入したわけでも、不良品が混ざっていたわけでもありません。安全面では何の問題もない商品です。

もし、会社の都合を優先していたら、とりあえず六〇〇〇万円分の商品を売り切ってから、改良や改善を実施させたでしょう。しかし、それは六〇〇〇万円という金額を売り手の側から見たとらえ方です。

六〇〇〇万円を買い手の側から見た場合、つまり六〇〇〇万円という金額について分母にお客様を置いて考えると、まったく違った意味が浮かびあがります。

販売できるレベルにない商品を発売した場合、「セブン&アイグループはお客様が満足できない商品を販売する会社であるという印象を六〇〇〇万円もかけて広める」ことになる。

さらには、その間もセブン&アイグループのテレビCMなどの宣伝も流します。レベルに達しない商品を出したうえに宣伝を行うということは、お客様から見ると、億単位のお金を使って「悪い宣伝」をしているのと同じです。

そう考えると、六〇〇〇万円の損失は決して小さくはありませんが、いま発売停止にしたほうが、結果として安上がりになるのです。

短期的な損失よりも、お客様に対するブランド価値の棄損のほうがはるかにダメージが大きい。それは、「未来を起点にした発想」と常にお客様を分母に置いた「お客様の立場で」考える発想の両方があって初めて気づくのです。

4 東日本大震災でなぜ、いち早く「営業再開」ができたのか

「店舗の再建」を最大課題に設定

二〇一一年三月一一日に発生した東日本大震災。

三陸沖を震源とするマグニチュード九・〇の日本観測史上最大規模の地震が発生し、それにともない引き起こされた津波が、東北地方を中心に東日本の太平洋岸に襲いかかりました。

そのとき、わたしは本部の執務室にいました。本が棚から飛び出し、テレビが倒れます。両手で机の端をつかみながら、異常事態を察知しました。

過去の事例をもとに作成された規定に従い、地震発生から四分後の午後二時五〇分

には、わたしを本部長とする震災対策本部が発足し、傘下の各社店舗の被害状況の把握を開始しました。

大災害発生時に流通企業が行うべき支援活動は何か。二つのことが考えられました。一つは「被災地の被災者」にとって何が必要かを考えた支援です。

一九九五年の阪神淡路大震災のときは、被災地は神戸を中心に一つのエリアに集中していたため、「緊急支援物資の供給」が最大の課題でした。そこで、急きょ、ヘリコプターを導入し、自衛隊の協力を得て、着陸地点を確保し、食料をはじめとする物資を輸送したりもしました。

東日本大震災においても、当然、緊急支援物資の投入は急を要し、セブン&アイグループも最大限の対応をとりました。マスメディアも緊急物資が避難所などに届けられる光景を集中的に映し、自社の支援活動をアピールしようとする企業もありました。ただ、東日本大震災の被害状況がしだいに判明するなか、わたしは阪神淡路大震災のときとは明らかに異なる対応の必要性を感じていました。

今回は被災地が東北一帯に広がります。わたしは、「被災地のお客様」の立場に立って何が必要かと考えたとき、「店舗の再建」こそ最大課題であると位置づけたのです。

メーカーが優先的に商品供給した理由とは

店舗の再建には、棚に並べる商品が必要です。しかし、東日本では一気に商品不足の状態に陥っていました。

こうした状況で、いかにして商品を店頭に並べるか。わたしはセブン‐イレブンの商品本部長からいま、どんな商品が必要か、報告を受けたその場で、各メーカーのトップに直接電話をかけ、商品を提供していただけないか、お願いしました。

「では、セブンさんにお出ししましょう」

各メーカーとも、西日本に向けて送るはずだった商品を、急きょ振り向けていただけました。

われわれのグループに優先的に商品を提供していただくことができた第一の理由は、商品の導入率の高さにありました。

メーカーが新製品を発売したとき、コンビニのオーナーはややもすると、「この商品はうちのお客様にはあまり売れない」と、売り手の目線で決めつけ、保守的になりがちなところがあります。

セブン‐イレブンの場合、メーカーが発売する新製品について、買い手であるお客様にとって、新しい価値があると判断すれば、本部は各加盟店に推奨し、一人七〜八店舗を担当するＯＦＣ（オペレーション・フィールド・カウンセラー＝店舗経営相談員）を通じて品揃えのアドバイスを行います。

そのため、推奨する商品の九五％は全国津々浦々の店舗まで行き届きます。この導入率の高さは他チェーンと大きな開きがありました。

また、被災地では、コンビニ各チェーンのなかで、セブン－イレブンは「災害発生時でもお店を開けることがお客様に対するわれわれコンビニの役割である」との使命感から、お店を開いている比率が高いのも事実でした。

そのため、震災の混乱の最中でも、各メーカーはどこに商品を送り込めば、いち早く現場に届き、いちばん有効かがわかっていたのです。

その結果、非常時の厳しい状況下で、他の小売店の棚に商品がないときにも、セブン－イレブンの店舗には商品が並ぶ光景が多く見られました。

専用工場率の高さが可能にした「玉突き作戦」

一方、おにぎりやお弁当など、セブン－イレブンのデイリー商品については、震災直後から、「玉突き方式」で商品の送り込みを行いました。

被災地から比較的近い関東の工場から商品を供給し、関東地区へは新潟・北陸地区や長野・山梨地区から送り込むといった具合に、隣接する地区の製造可能工場から融通し合うバックアップ体制で被災地でも店頭に商品を並べました。

これが可能だったのも、専用工場率が九〇％以上と、他チェーンと比べ、何倍も差がある圧倒的に高い比率を実現できていたからでした。

そして、高い専用工場率を実現できたのも、創業以来、出店についてはドミナント戦略を徹底したからでした。

一定エリア内に高密度で多店舗を出店すれば、物流、広告、店舗指導等の各面で効率向上が期待できるといった、売り手にとってのメリットも少なからずあります。

しかし、それ以上に大きいのは買い手であるお客様にとってのメリットや心理的な効果です。

商品の製造面で提携するデイリーベンダー（お弁当やおにぎり、サンドイッチなどのデイリー商品を共同で開発、製造、納入する取引先）が出店エリア近くに専用工場をつくっても、ドミナントが徹底されれば経営が成り立つため、品質に配慮した独自の商品をつくり、鮮度の高いまま配送できます。

また、高密度で多店舗出店すれば、お客様にとっては、地域全体のセブン‐イレブンへの認知度が高まり、心理的な距離感がどんどん縮まって、利用率がにわかに上がっていきます。

商品の導入率の高さにしろ、専用工場率の高さにしろ、常にお客様を仕事の起点に置いて考えるセブン‐イレブンならではの取り組みを日ごろから徹底して実践しているからこそ、未曾有の異常事態に直面しても、威力を発揮することができました。


実際、地震発生から一五日後の三月二六日から、デイリー商品については、被災地でも通常どおり、配送の一日三便体制を再開。月末までには、全商品について、お客様のニーズにこたえられるよう、受発注システムを再稼働しました。この対応力の速さも他チェーンを圧倒しました。

そして、最大課題であった店舗再建も、セブン‐イレブンについては、休業約六〇〇店舗が、一カ月後には原発事故の影響を受けた地域など、限られた地域の六店舗を除いて、営業再開します。

東北と北関東地方が地盤のグループ企業、食品スーパーのヨークベニマルも震災直後は約一〇〇店舗が休業を強いられましたが、グループあげての支援により、やはり原発事故の影響を受けた地域などの一〇店舗を除いて、営業再開を果たしました。

「君たちがやらないなら、わたしが代わりに運転する」

原発事故の影響を受けた地域に関しては、こんなエピソードもあります。

避難指示区域に近い場所で、震災後も営業を続けようとしていたセブン-イレブンの店舗がありました。そのお店は地震発生翌日、販売する商品がなくなった時点で一度閉め、オーナーは親戚宅に避難されました。

避難先で何もできず悶々としていたオーナーが悩んだ末、営業再開を決意したのは、よく商品をお届けしていた一人暮らしの年配のお客様と電話で話したのがきっかけでした。

周辺には営業しているコンビニもスーパーも一軒もありません。地域の住民は買いものが困難となり、特に高齢者は生活に不自由していました。「営業してほしい」という住民の方々からの切実な願いと、「営業したいけれど中途半端にはできない」という思いのなかで葛藤した末の決断でした。

問題は商品の供給でした。放射線の影響を懸念して、商品を配送する車のドライバーがその地区に入りたがらないといいます。その報告を聞き、わたしは担当者にこういいました。

「福島の店舗のオーナーも、スタッフの人たちも、お店を開けようと頑張っている。

避難指示区域ではないのだから、運転手が確保できないのなら、なぜ、自分たちで運ぼうとしないのか。君たちがやらないなら、わたしが代わりに運転する」

現場で社員が配送を始めると、それに呼応するように、運転を買って出るドライバーの人たちが出てくるようになり、商品は途切れることなく棚に並びました。

東日本大震災において、改めてその役割が再評価され、注目を集めたのが、人々の身近にあって、生活を支える社会インフラとしてのコンビニの存在でした。

なかでも、セブン‐イレブンが圧倒的な速さで店舗の再建を実現することができたのは、常に「お客様の立場で」考える発想がDNAとして根づいていたからでした。

5 買い手から売り手に回っても「お客様の心理」を忘れてはならない

仕事から一歩離れればみんな「お客」になる

「金の麺 塩」を発売当日にすべて回収する決断を下した際、社内から、「社員に配布してはどうでしょうか」という案が持ち上がりました。わたしはこういって、その案を即、却下しました。

「販売できるレベルにないものを社員に食べさせてはいけない」

社員も一歩会社の外に出て、仕事から離れれば、お客の立場になります。

誰でもお客の立場になれるからこそ、社員といえども、完成度が満足できるレベルに達していないものを食べさせてはいけないのです。

もし、社員が「販売できないため回収された」と説明されて配布されたものを食べて、売り手として、「この程度だったら、売ってもよかったかもしれない」と思った瞬間、売り手としての立場と、仕事から離れたお客としての立場を使い分けることになってしまう。それはもっとも避けなければならないことでした。

なぜなら、買い手から売り手に回っても、お客様の心理は忘れてはならないからです。

自分たちが商売の「主体」になってはならない

売り買いの商売においては、普通に考えれば、売り手が「主体」で、買い手のお客様は「客体」です。しかし、わたしが経営者時代、口を開くたびに社員たちに説いたのは、「自分たちが商売の主体になってはいけない」ということでした。

人間は自分が主体になると、「わたしが～する」と「わたし」が前面に出て、一歩下がって考えることができなくなるところがあります。

商売においても、「わたし」が前面に出ると、「お客様とはこういうものだ」と自分の経験をもとに決めつけをしたり、無意識のうちにも自分の都合の押しつけになりがちです。

そうならないよう、常に頭のなかを白紙の状態に置くため、「商売においては自分たちが主体になってはいけない」と説いたのです。

「お客様のために」と考えるのと、「お客様の立場で」考えるのとの違いは、別の表現をすると、「お客様を満足させる」と「お客様が満足する」の違いともいえるかもしれません。

「わたしの役割はお客様を満足させることである」と考えるときは、「わたし」が主体になります。人間は自分のことになると保守的な心理が働くため、「わたし」が主体になると、いま述べたように、自分がこれまでやってきたことの範囲内でやるべきことを考えたり、自分の過去の経験にもとづいて、「こうすればお客様のためになる」と思い込みがちです。

ところが、変化の時代には、自分ではお客様を満足させたつもりでも、それは勝手な思い込みで、お客様は満足していないというギャップがいたるところで生じています。

一方、「大切なのはお客様が満足することである」という発想では、お客様が主体になります。どうすれば本当にお客様が満足するのか。それは、自分がお客様と一体になって、お客様になりきり、「お客様の立場で」考えないとわかりません。

売り手も仕事から一歩離れれば、お客の立場になる。お客様になりきることは誰でもできるのです。

営業販売経験のない人間になぜ、小売業のトップが務まったのか

わたしはヨーカ堂に入社して以来、もっぱら管理部門を担当したため、販売や仕入れに直接携わった経験がありません。

にもかかわらず、なぜ、長年にわたり、流通企業を経営することができたのか。販売や仕入れの経験はなくても、「お客様の立場で」考えることはできる。というよりは、わたしの場合、「お客様の立場で」考えるしかなかったというべきかもしれません。

「お客様の立場で」考えるとは、自分のなかにあるお客としての心理を呼び覚ますことです。

お客様の心理は「わがまま」です。完売後に来店されたお客様は商品がないのを見て不満を抱きます。売り手は「そんなの商品があるときに来なかったお客様のわがままだ」と思うでしょうが、同じ状態が続けば、やがてお客様は黙って去っていくでしょう。

また、お客様の心理は「矛盾」しています。特に日本の消費者はこの傾向が強い。鮮度にこだわり、朝採りの野菜が飛ぶように売れる一方で、サラダ用にカットしてパックにした野菜も好んで買います。鮮度を重視するなら、お刺身も柵で買って食べるときに切ったほうがいいのに、手間が省けるお造りを重宝します。

おでんもセブン-イレブンではお客様が鍋から好きなネタを選べる方式ですが、ヨーカ堂でこの方式では売れず、袋詰めにされているほうが売れます。スーパーの場合は選ぶ楽しさより手っ取り早さのほうが優先されるのです。

日本人は鮮度に対して非常に敏感でありながら、自宅の冷蔵庫に三日間置いておくのと、店の冷蔵庫に三日間あるのとでは、同じ三日間なのに店の冷蔵庫にあるほうが鮮度がいいと考え、店で買ってまもないものが新鮮であると思ってしまうところが多分にあります。だからあまり買いだめしない。これが日本の消費者の心理です。

大切なのは、売り手の側にいるときでも、自分も持っているこうしたお客様の心理を呼び起こし、「お客様の立場で」考えることです。ところが、なぜかわれわれは買い手から売り手に回ると、お客様の心理をどこかに忘れてしまうのです。

セブン‐イレブンの店舗でも、学生アルバイトやパートタイマーの人たちのほうがむしろ、思い切った発注を仕かけ、成果を出すことができるという「素人の強さ」は、一歩店を出れば、自分たち自身が買い手の立場になるため、顧客としての心理を純粋に持っているからです。

わたしは現役時代、入社式で新入社員たちに向かって、「お客様としてお店を利用していたときの心理や感覚を大切にしてください」といい続けました。入社するまではみんな、セブン‐イレブンやヨーカ堂に対して、「こんな商品がなかった」「サービスが悪かった」といった批判精神を持って買いものをしています。それは何よりもお客様としての心理を持っているからです。

ところが、いざ自分が入社してしまうと、「お客様の要求を満たすのは難しい」などといい始める。買い手から売り手に回ると、売り手の都合、売り手の論理に染まってしまう。

これは新入社員に限りません。誰もが一歩仕事から離れると、買い手の心理を持つのに、また仕事に戻り、売り手に回ると途端に変わる。無意識のうちに、立場を使い分けてしまうのです。

いまの自分は売り手の都合で考えていないかどうか、常に問い続ける。自分が買い手になったときの心理や感覚を忘れていないか、自らに問いかける。大切なのは、それを習慣として身につけることです。

6 「相手の立場で」考えるとたいていのことはうまくいく

「チームMD」が圧倒的な商品力を生み出す理由

流通企業が開発するオリジナル商品やPB商品は、メーカーやプライベートブランド（PB）専門企業に委託するケースが一般的です。

これに対し、セブン＆アイグループの商品開発は、商品部のマーチャンダイザーとメーカーなどの担当者が一緒にチームを組んで取り組む「チームMD（マーチャンダイジング）」で行い、それが強い商品力を生み出してきました。

このチームMDはもともと、お弁当やおにぎりなどのデイリー製品を開発するため、ベンダーとチームを組んだのが始まりで、「相手の立場で」考えた結果、生まれた開発方式でした。それは、セブン‐イレブンでお弁当やおにぎりの販売を始めたころ、あるベンダーに開発をお願いに訪問したときのことでした。こちらの意向を伝えると、そのベンダーの創業経営者は「もう、大手さんとは（取引を）やりたくないんです」と首を横に振りました。

「なぜでしょう」と理由を聞くと、こんな経緯を話されました。

それまではある大手企業から、お弁当やおにぎりの製造を請け負い、工場もつくった。ところが、取引量がある一定規模に達したところ、その大手企業から急に「これからは自社でやるから」と取引を打ち切られてしまった。

「だから、自分たちで屋台を出してでも細々とやっていたほうがいい」と。

要は、もう大手企業の都合には振り回されたくないというわけです。

そこで、わたしはこう提案しました。

「ならば、われわれとは発注する側と請け負う側といった関係ではなく、あくまでも対等な関係を結び、互いに緊張感だけで仕事をするようにしませんか」

するとそれはどういうことですか」と聞かれたので、こんな説明をしました。

われわれはお客様に質的に優れた新しくて価値のある商品を提供するという目標を持っている。ベンダーさんにも、単に取り引きをする関係ではなく、その目標を共有しながら一緒に取り組んでもらう。

つまり、「取り引きから取り組みへ」と発想を転換する。

ただ、もし、目標を共有できないような状態になれば、取り組みはそこで終わる。もし、われわれがやたらと価格を値切ったり、無理難題をいうようなことがあって、そちらがこれ以上続けられないと判断したら、やめてもいい。

また、これから先、そちらの経営内容のなかで、われわれの商品が占める比率がかなり高くなったとしても、こちらから資本を入れて、影響力を及ぼすようなことはしない。あくまでも対等である。

この「取り引きから取り組みへ」の発想の転換は、自分たちの都合ではなく、ベンダーの立場で考えて生まれたものでした。

「わかりました。では、一緒にやりましょう」

創業経営者は納得し、ここからチームＭＤが始まりました。

現在、ベンダー各社が展開する工場のうち、セブン‐イレブンの専用工場の比率は九〇%を超え、他チェーンと圧倒的な開きがあります。

ベンダーは資本関係がまったくなくても、チームMDの原則に基づき、セブン‐イレブン専用工場をつくってくれます。とすれば、われわれは専用工場の経営が成り立つような環境を整えなければなりません。セブン‐イレブンがドミナント戦略を徹底した理由の一つはそこにありました。

さらに、ベンダーに安心して専用工場を展開してもらうには、セブン‐イレブンは必ず成長していかなければなりません。

資本関係はなくても、信頼関係はある。流通対メーカーの関係としては世界でも類を見ないでしょう。このチームMDが強い商品力を生み、一店舗あたりの平均日販で他チェーンに一〇万円以上の差を生むほどのセブン‐イレブンの圧倒的な強さの源泉の一つになっているのです。

信頼関係が続けられなければ、即日取引中止

メーカーとの信頼関係が崩れれば、たとえ、店舗の売り上げに影響が出ても、契約

を打ち切ったこともありました。

セブン‐イレブンのNBのパンは、長年取り引きのある大手製パンメーカー一社から仕入れていました。セブン‐イレブン側は他社製品を扱わないかわり、製パンメーカー側も他の流通企業には商品を卸さないと、社長同士で約束しました。これも一つのチームMDの形でした。

ところが、ある大手流通企業が関東のある地域に出店した途端、製パンメーカーの役員が来社され、「ナショナルブランドとして、その店舗にも卸さざるを得ないから認めてほしい」といってきました。しかし、約束は約束です。

「それなら、結構です」

役員は「結構です」という言葉を、いい意味でとらえたのか、ホッとした表情を見せたので、わたしは再度、念を押しました。

「明日から（商品を）入れていただかなくても結構です」

当時、パンの売り上げは全体の七％を占めていました。七％の売り上げを維持するため、信頼関係が崩れた相手と取り引きを続けるか、七％が失われても、信頼関係を大切に考えるか。わたしは後者を即決しました。

その製パンメーカーからの納品はその日を境にゼロになりました。

ただ、そのとき、わたしは同時にこう考えていました。七％の売り上げはなくなったとしても、低く見積もってもその半分の三・五％は他の製パンメーカーの商品でカバーできるだろう。

残りの三・五％の売り上げが失われても、セブン－イレブンは成長期にあったので、それほど大きなダメージにはならない。これを機に、オリジナルのパンを自主開発すればいい。

「焼きたて直送便」が生まれたのは、味や鮮度の面でも優れたパンをお客様に提供しようと発想したのと、もう一つ、大手製パンメーカーとの取引停止という事情があったのです。

その後、大手製パンメーカーとは和解し、取り引きが再開されます。そのニュースが経済紙に掲載されたほどで、社会からも注目されていたことを物語りました。

セブン－イレブンのロイヤルティが他チェーンより高い理由

セブン－イレブンの加盟店が本部へ支払うロイヤルティ（権利利用料）の率は、たとえば、オーナーが土地・建物を所有もしくは賃借するタイプの契約条件の場合、荒利額の四五％（二四時間営業の場合は四三％）と、他チェーンより高く設定されています。

それでも、一店舗あたりの平均日販で他チェーンとは一〇万円以上の開きが生まれる一つの理由として、店舗での経費の多くを本部が負担する仕組みになっていることがあります。

典型が水道光熱費で、金額にかかわらず、その八〇％を本部が負担します。他チェーンにない支援体制で、これもオーナーの立場で考えて生まれた仕組みでした。

創業時、わたしがロイヤルティの比率を四五％に設定しようとしたところ、幹部から「本部がとりすぎる」と反対されました。それは、ロイヤルティの率を高めに設定すると、「オーナーのためにならない」という発想でした。短期的に見れば、そう見えるかもしれません。

しかし、ロイヤルティの率を低めに設定すれば、その分、店舗の経費についてはオーナーが負担することになります。オーナーの立場で考えるとどうなるでしょうか。

もし、水道光熱費がオーナー負担になると、オーナーは少しでも経費を削減し、利益を増やそうとして、電気代を節約しようと考えるでしょう。その結果、夜、店舗は照明が不十分になり、集客力が下がってしまう。

一方、八〇％を本部が負担するなら、電気代はさほど気にせず、照明を必要十分な明るさに保とうとする。これが人間の心理です。

ロイヤルティの率は多少高くても、その分、経費の多くを本部が負担すれば、オーナーは経費を気にせず、攻めの経営に注力することができます。また、本部の負担で販売促進のための広告宣伝を大々的に展開すれば、セブン-イレブンの認知度を高めることができます。

結果として、セブン-イレブンは大きな成長を遂げました。そして、成長を実現できたことで、その後は本部の取り分を少なくし、オーナーの取り分を増やす仕組みを整備していくことができたのです。

「ダイクマ」をヤマダ電機の言い値で売却した理由

セブン&アイグループは多様な業態を擁した世界でも類のないコングロマリット(複合企業体)ですが、売却せざるを得なかった子会社もあります。総合ディスカウントストア「ダイクマ」です。

一九七九年に資本提携したときには成長が期待されました。しかし、所得階層ごとに使われる店が異なる諸外国と違い、同じ一人の消費者が高級専門店でも一〇〇円ショップでも買いものをする日本市場では、低価格戦略だけでは難しいところがありました。

二〇〇二年に売却先としてヤマダ電機の名前があがりました。その際、わたしがいちばん気がかりだったのは従業員の処遇でした。

「従業員の継続雇用」を唯一の条件としてお願いすると、ヤマダ電機からは、「ＩＹグループ（当時）という日本を代表する小売企業で育った人たちですから必ず大事にします」といってもらえました。これ以上望むことはありませんでした。

わたしはマイナス情報も包み隠さず、全データを開示するよう指示したうえで、先方から提示された価格をそのまま受け入れました。

社内からは「売却価格が安い」との声があがりました。それに対し、わたしはこうこたえました。

「続けて働きたい人は全員ヤマダ電機の傘下で従来どおり働く。売却価格が安いと思うなら、その分は移っていく人たちへのプレゼントだと思ってほしい」

言い値で決まったことにいちばん驚いたのは仲介した野村証券だったようです。

なぜ、「売却価格が安い」という声がありながら、言い値に応じたのか。これも、自社の都合ではなく、売却先の立場で、そして、従業員の立場で考えたからでした。

交渉で値をつり上げることも可能かもしれません。しかし、そのしわ寄せが売却後、従業員に及ぶようなことがあったら忍びない。これまで一緒に働いてきた仲間たちへのせめてもの感謝の気持ちでした。

売却から一四年後の二〇一六年四月、創業社長の山田昇氏に代わり、創業一族以外では初めてヤマダ電機社長の職に就いたのは、ダイクマ出身の桑野光正氏でした。

伝え方も「聞き手の立場で」考える

いかにして「相手の立場で」考えることができるか。それは話の伝え方についても同じことがいえます。

誰しも人前で話すときは少しでも格好よく見せようとするのが人間の心理です。そのため、自分が物知りであることを、無意識のうちに売り込んでいるだけの人もいます。

たとえば、遠隔地への行き方がわからず、電車か、飛行機か、クルマか、それぞれにかかる時間と費用ぐらいを知りたいと思っているとき、相手に聞くと、ここぞとばかりに説明を始める。

電車で行く場合は新幹線でどこそこまで行き、そこから先は私鉄が便利だとか、飛行機を使う場合はこっちのエアラインのほうがいいとか、クルマだったらどの高速道路を使い、どこのインターで降りて迂回したほうが込んでいないとか、話し続ける。

相手に何かを聞いて、答えが二言三言で返ってくると予想していたのに、そこからえんえんと話を始められる。人の話を聞くとき、自分の思っていた時間より長く聞かされるのは嫌なもので、聞くほうは疲れてしまいますが、話す本人はそれにぜんぜん気づきません。なぜなら、自分で自分の話に酔ってしまうからです。

本人は「相手のために」なると親切心のつもりで話しているのでしょうが、それは勝手な思い込みで、結局、物知りであることを売り込んでいるにすぎません。

一方、「聞き手の立場で」考えると、どのように変わってくるのか。相手から聞かれたら、必要最小限のことを答え、より詳しいことを聞かれたら、そこで自分の知っている知識を話せば、聞き手は「この人は物知りで親切だ」と思うでしょう。これが「相手の立場で」考えた、人間の心理に沿った話し方です。

「相手の立場で」考えれば、たいていのことはうまくいく

同じことは交渉においても当てはまります。

セブン‐イレブンを日本で創業するため、本家の米サウスランド社のトップと交渉

を重ねたときもそうでした。交渉は難航し、最後までロイヤルティの率で揉めました。先方が提示したのは売上高の一％、こちらの主張は〇・五％で、あまりにも大きな隔たりです。

しかし、率をテーマにして、それぞれが自分の都合を主張している限り、こちらがどんなに話術を駆使しても、隔たりを埋めるのは容易ではありません。そこで率をテーマから外そうと考え、こう提案しました。

「あなた方にとってロイヤルティの率を高く保つこと自体が目的なのでしょうか。そうではないはずです。提携によりライセンス収入が大きくなることが本来の目的のはずです。ならば、率を下げて、われわれが出店資金を確保しやすくし、店が増えて成功すれば、結果として額は上がっていく。率を上げるより、額を上げる考え方をしたほうがいいのではないでしょうか」

この提案により、サウスランド社側は大幅に譲歩し、〇・六％で妥結しました。

交渉のときの判断には理屈だけでなく、心理的な要素も多分に影響します。

人間の心理は、得られるものと失うものを同じ天秤では量らず、失うほうをより大きく感じます。同じ一万円でも、一万円をもらえる満足より、一万円を失う痛みのほうがこたえる。それが人間です。

サウスランド社との交渉でも、ロイヤルティの率を下げるのは、先方にとっては得られるお金が失われる話で心理的に大きく感じられ、不満に感じたでしょう。だから容易に受け入れられなかった。

そこで率から離れ、額に目を向けさせた。こちらは得られるお金の話になります。率を下げるのは損失ではなく、長期的にはより大きな利益に結びつくとわかれば、不満から期待へと心理が逆転します。


単に自分の利益を主張するのではなく、「相手の立場で」考えれば、相手が納得できる論法も見えてくる。こちらの都合を押しつけるのではなく、「相手の立場で」発想すれば、相手の関心を引きつける話し方ができる。

相手と向かい合う場合、自分をものごとの分母に置くのではなく、相手を分母に置いて考えれば、ものごとはたいていうまくいくものです。

第5章

「判断の尺度」を「お客様」に合わせれば迷わず一秒で決断できる

1　なぜ、「金の麺」六〇〇〇万円分の廃棄を即決できたのか

お客様は理由を考えて「うまい」「まずい」というわけではない

前の章で述べたように、わたしはセブンゴールドのインスタントラーメン「金の麺塩」を発売する当日、「この商品の質は販売できるレベルではない」と判断し、すでに各店舗に納品されている六〇〇〇万円分の商品をすべて回収し、廃棄したことがありました。

六〇〇〇万円はけっして少ない金額ではありません。にもかかわらず、なぜ、迷わず、廃棄を決断できたのか。

それは、経営者時代、わたしは「判断の尺度」を「会社」にではなく、常に「お客様」に合わせていたからです。

お客様の判断は、一口食べて瞬時に「おいしい」か「おいしくない」かのどちらかです。そのあとに、どこがおいしいか、おいしくないかの感想が出てくる。

評論家は「麺の味やコシはどうか」「スープの出汁はどうか」「具材はどうか」「値段が適正かどうか」といった理由を一つひとつ考え、分析し、それを総合的に評価するかもしれません。

しかし、お客様は理由を考えてから、「おいしい」か「おいしくない」かを判断するわけではありません。いいものはいい、ダメなものはダメ、そのどちらかです。よければ、また買い、ダメならば、二度と買わない。買うか、買わないか、どちらかです。

だから、わたしも「判断の尺度」を「お客様」に合わせ、「おいしい」か「おいしくない」かのどちらかで判断しました。「おいしくない」と判断されれば、発売は当然、停止する。それはごく自然の決断でした。

そして、「この商品の質は販売できるレベルではない」と発売停止を指示したときも、わたしはそれ以上の理由は示しませんでした。お客様は理由を考えてから判断するわけではないからです。

お客様は「一生懸命つくりました」を評価して買うわけではない

何かを判断するとき、重要なのは「判断の尺度」をどこに置き、どこに合わせるかです。

つくり手は、商品を開発する過程で研究に研究を重ね、工夫に工夫を積み上げていくでしょう。技術者としては、麺なら麺で、スープならスープで、技術的に到達可能なレベルを追求しようとします。

その結果、現状では技術的にもコスト的にも到達しうる最高のレベルを実現したとします。もし、「判断の尺度」を「会社」に置けば、「ここまで最大限の努力をしたのだから」と、販売に踏み切るかもしれません。

しかし、お客様はつくり手が「一生懸命やった」「最大限の努力をした」ことを評価して買うわけではありません。

学校の試験も、三日三晩徹夜をして勉強したからといって、それが評価されてパスすることはあり得ません。三日三晩勉強しようと、半日しか勉強していなかろうと、合格水準を突破できるかどうかが問われる。それと同じです。

「一生懸命やる」ことと「正しいことをやる」のとではまったく意味が違う。

正しいこととは、お客様が「おいしい」と思い、共感共鳴するものをつくることです。だから、「判断の尺度」は「お客様」に合わせなければならない。

「お客様の尺度」で判断すれば、迷わず瞬時に判断できるのです。

会議でも重要なのは「判断の尺度」をどこに置くか

わたしは社内で開かれた会議でも、その日の担当の報告者が何か理屈を並べているだけのようなときは、話し始めて三分しか経っていなくても、すぐに発言を止めさせ、会議を中止することがありました。

これも同じように、「判断の尺度」を「お客様」に合わせたからでした。

お客様が求めるのは会社側の理屈ではなく、商品やサービスによってより大きな満足が得られることです。その本質に沿っていなければ、どんなに立派な理屈であっても、どんなに準備に時間をかけた報告であっても、それをもとに議論するのは時間の無駄です。

会議においても、「会社」に尺度を合わせると、お客様の満足とどう結びつくかわからないような、本質的でない議論で時間だけが費やされてしまいます。

仕事のあらゆる場面において、「判断の尺度」を常に「お客様」に合わせると、自分は本質的な課題に取り組んでいるのか、それとも、本末転倒した不必要な仕事であるのかを、瞬時に判断することができるのです。

プロと呼ばれる人ほど「自分の尺度」で判断する

お客様は「金の麺 塩」という製品について、どのようにしてつくられるか、麺の小麦粉の混ぜ具合もわからなければ、スープの調味料の調合具合も何もわかりません。だから、できた製品について「おいしい」か「おいしくない」かで判断するしかありません。それはわたしも同じでした。

もし、わたしがインスタントラーメンの開発の「プロ」で、どのようにしてつくられるか、製造技術や製造工程をすべて熟知していたならば、「この麺は最大限の努力をしたことが認められる」「スープは完璧ではないがかなりいい線をいっている」といった理由を考えるかもしれません。

そして、「結果として、そこそこよくできている」と判断し、ゴーサインを出したかもしれません。

しかし、それはプロとしての「自分の尺度」に合わせた判断です。

一般的に、重要な仕事は経験を積んだプロに任せるべきであると思われていますが、「自分はプロである」とか、「自分は玄人である」と思い込んでいる人ほど判断のズレを生じ、間違いを起こしやすい面もあります。プロは自分の過去の経験や経験を通して蓄積した知識を過信する傾向があるからです。

経験豊富な人はよく、「わたしの経験では」といった話し方をしますが、これはたいてい、「わたしが正しいと思うやり方は」という「自分の尺度」を表す意味で使われます。そうした人々は「名ばかりのプロ」です。

大切なのはお客様にとって、何が正しいかです。「真のプロフェッショナル」とは、過去の経験をその都度、否定的に問い直し、常に「判断の尺度」を「お客様」に合わせられる人です。

2 「判断の尺度」から「そこそこ」「まあまあ」を排除する

なぜ、人事のセルフチェック制度から「△」評価を外したのか

わたしは三〇歳でイトーヨーカ堂に転職してから、販売促進、広報、人事と管理部門の仕事をいくつもかけ持ちすることになりました。

スーパーマーケットは社員の採用数が増加の一途で、高卒も、大卒もいる。中途採用も多くいました。そのため、人事ではいかに公平性を高め、魅力ある職場をつくるかがいちばんの課題で、人事制度は独自に工夫しました。

社員の納得がいく人事を行うために発案した仕組みの一つに、セルフチェック制度がありました。基本的スキルが身についているか、各質問項目に「○＝できている」「×＝できていない」で答えるものです。

評価基準を公開したうえで、本人の自己評価と上司からの評価を面接を行ってすり合わせます。自分ではできているつもりで実際はできていないことに気づかせ、逆にできているのにできていないと思っている人に自信を持たせようと考えました。現在も人事考課の根幹を担っています。

このセルフチェック制度には、一般的には入っているのが通例なのに入っていないものがあります。○と×の中間の「△＝ときどきできている」の評価です。

最初は△も入れましたが、途中から削除しました。日本人の心理でどうしても△が多くなったからです。

それは、日本では世の中の物差しとして、「そこそこいい」とか、「まあまあできている」といった中間の尺度が許容されていることを象徴しました。

「そこそこ」「まあまあ」に流れてはいけない

何かの課題に取り組むとき、まだいくつか困難な問題が残っていても、「ここまで一生懸命やったのだから」と、「そこそこ」のレベルで妥協してしまう。

あるいは、何か問題が発生したとき、解決するのが難しそうだと「まあまあ」のところですませてしまう。

あるいは、本当の原因がどこにあるのかわかっていても、組織内で波風が立つのを避けて、「なあなあ」ですませてしまう。

こうした「そこそこ」「まあまあ」「なあなあ」的な妥協やなれ合いもいろいろなところで見られる現象です。しかし、「そこそこ」「まあまあ」「なあなあ」に流れたときから、すべての停滞が始まります。

わたしが経営を行ううえで徹底して排除してきたのが、「そこそこ」「まあまあ」「なあなあ」の安易な妥協やなれ合いでした。それは「判断の尺度」を「会社」の都合に合わせる考え方で、一方、お客様の「判断の尺度」は「いい」か「悪いか」かのどちらかであり、その中間はないからです。

たとえば、セブン－イレブンの代表的な商品の一つであるおでんも、「そこそこ」「まあまあ」「なあなあ」を排除し、「よいつゆの出汁」をとるための「よいかつお節」をつくることから取引先と一緒に手がけることになりました。

まず、濁りのない透明感のある出汁が出る脂肪分の少ないカツオを赤道付近の漁場を指定して漁獲します。

次いで、一般的にはカツオは冷凍されて運ばれますが、解凍時にドリップ（浸出液）が出てうま味が抜けるのを避けるため、冷凍せずに漁場近くの加工工場へ運び、うま味成分がピークを迎える一～二日後に素早く加工します。

いぶしながら乾燥させる焙乾《ばいかん》の工程も、手間がかかっても昔ながらのやり方にこだわり、「手火山式《てびやま》」と「焚納屋式《たきなや》」という二段階の焙乾を行います。

手火山式では、せいろに並べたカツオの位置や積み重ねたせいろの段を変えて、まんべんなく素早く乾燥させて一気にうまみをとじ込めます。そして、焚納屋式で丁寧にいぶしてじっくり仕上げ、かつお節本来の香りとうまみをさらに引き出します。

そのこだわり方は、かつお節製造業者から、「コンビニがここまでやるのか」と驚かれたほどです。

さらに出汁を抽出するときも、風味が強く力強い出汁が出る荒節と、すっきりした出汁が出る貴重な枯節（表面にカビづけすることでうまみ成分を引き出したかつお節）をバランスよくブレンドして使います。

お弁当や惣菜類も安全安心面で「そこそこ」「まあまあ」「なあなあ」を排除しました。

そのため、弁当工場で保存料や合成着色料を使わないだけでは不十分と考え、醤油などの調味料、ハム、漬け物などの原材料のメーカーに、市販用には使われている保存料などはいっさい使わず、専用のものをつくってもらいました。

たとえば、ハムやソーセージなどの加工食品に食感などをよくする添加物としてリン酸塩が使われていますが、過剰摂取するとカルシウムの吸収を妨げ、骨粗しょう症の原因になるともいわれています。セブン‐イレブンのサンドイッチには、リン酸塩を添加したハム類をいっさい使用しないよう、素材メーカーに協力を求めました。

それができるのも、専用工場で製造するため、他社の製品に使われる原材料との交差汚染が起きないからです。このように安全安心面でも上質さにこだわります。

そこには、「コンビニエンスストアの食品に使うものだからまあまあのものでいい」といった妥協はいっさいありません。コンビニエンスストアで売る食品だからこそ、「家庭で食べるもの以上に安全安心な〝よい商品〟でなければいけない」とわたしは社員にいい続けました。

いずれの取り組みも当然、コストがかかります。もし、「会社の尺度」を優先し、「そこそこ」「まあまあ」「なあなあ」で妥協していたら、セブン‐イレブンがこれほど多くの地域で日常生活のインフラとして活用され、定着することはなかったでしょう。

セブン‐イレブンではOFCが一人七～八店舗を担当して、最新の情報や知識を持って経営のアドバイスを行います。このアドバイスも「そこそこ」「まあまあ」「なあなあ」に流れたら、そのときから店舗経営のマンネリ化が始まります。

多くの加盟店のオーナーはOFCより年長です。もし、「こんなことをいったら、オーナーが気分を害して気まずくなりはしないだろうか」と摩擦をおそれ、つい妥協してしまったら、オーナーとの関係では波風が立たずにすんでも、やがて店の経営は「お店の尺度」で判断するようになり、低迷していくでしょう。

妥協をしない姿勢は、それが積み上がっていくと、お客様から不動の信頼を得られるようになり、あるとき大きな成果となって、必ず花開きます。

一店舗あたりの平均日販が約六六万円と他チェーンに一〇万円以上の差をつけるセブン‐イレブンの強さが何よりの証でしょう。

3　人間は自分のことになると「判断の尺度」がぼやける

人間は矛盾した「二つの顔」を持っている

わたしは、商品が発売できるレベルではないと判断すれば、六〇〇〇万円分の商品の回収と廃棄も迷わず行えます。ところが、経営者時代、秘書の面々によくいわれたのは、「会長は自分のことになるといちばん迷う」ということでした。

たとえば、歯医者です。一定間隔で歯の検診をしてもらうことになっていて、検診に行こうと思えば、時間はつくることができます。ところが、いまは歯が痛いわけではないからと、延ばし延ばしにしてしまう。

もし、これが仕事で、相手がお取引先であったら、迷うことなく出向いていたでしょう。

人間は自分のなかに、矛盾した二つの面を持っています。一つはやるべき価値があると思ったら、それがたとえ困難であっても挑戦しよう、やり遂げようとする自分です。そして、もう一つは、本能的にわが身を守ろうとする自分です。

一方はアクセル、もう一方はブレーキを踏む自分で、どちらも自分であることには変わりありません。

人間は自分のことになると保守的になる

挑戦するか、守るか。本当は挑戦すべきであり、やり遂げるべきであっても、どうしても保守的な心理に傾いてしまうときがあるのも事実です。それは、自分自身の問題にかかわり、私感が入るときです。

わたしが歯医者の検診に、できれば行きたくないと思い、延ばし延ばしにするのも、それが自分自身の問題だからです。

検診を受けて、歯をできるだけ健康な状態に維持しようという積極的で前向きな意識より、過去の歯の治療で経験した、あまり快適とはいえない思いから逃れようとする消極的で後ろ向きな心理に陥ってしまう。

それは、仕事においても当てはまります。

コンビニエンスストアの経営にとって何が重要かと聞かれれば、「攻めの経営が必要である」と多くのオーナーが答えるでしょう。たとえば、主力商品であるデイリー商品類は、「明日の売れ筋商品になるだろう」と仮説を立てた商品については、単品ごとに一定量以上発注し、フェイス（陳列面）も広くとって強くアピールするといった積極的な展開が必要です。

昼食を購入しに来店されるお客様は、あらかじめ何を買おうかと決めて来られるというより、多くの場合、店内で並んでいる商品を見ながら、直感的に選んでいく。その際、フェイスを広くとって強くアピールされた商品には購買意欲を喚起され、思わず手が伸びます。

つまり、「判断の尺度」をお客様に合わせれば、仮説を立てて思い切った発注ができます。

ところが、オーナーは「攻めの経営が必要」と頭では理解していても、自分の経営する店舗での発注になると、ややもすると、「もし、売れ残って廃棄ロスが出たらどうするか」と保守的な心理に傾いてしまう。そして、「うちの場合はちょっと事情が違う」などといい訳を考えつつ、守りの経営を行ってしまう。

人間はとかく、自分の利害に直接かかわることになると、「判断の尺度」がはっきりしなくなり、ぼやけてしまうのです。

セブン‐イレブンの店舗運営において、ＯＦＣの存在が重要な意味を持つのは、自分のお店のことになると、とかく保守的な心理に陥りがちな加盟店オーナーの心理をアドバイスを通して解き放つ役割を担っているからです。

「もう一人の自分」を置いて「判断の尺度」を取り戻す

仕事において、「判断の尺度」を「お客様」に合わせれば、迷わず判断できることでも、自分の利害ばかりに目が向いてしまうと、「判断の尺度」がぼやけ、迷ってしまう。つまり、自分を守ろうとする心理に自分で妥協してしまう。

歯医者に行くか、行かないかといった個人的な問題では、行かなければ、そのツケは自分に回ってくるだけです。しかし、仕事について、「判断の尺度」がぼやけてしまうと、お客様の支持を失うことにつながります。

「判断の尺度」がぼやけたり、ずれたりしていないかを、自分でかえりみる。そのため、経営者時代、わたしが社員たちにいい続けたのは、「常に自分自身を客観的に見ろ」ということです。

客観的に見るとは、「もう一人の自分」から自分を見ることです。

いまの自分は「判断の尺度」を「会社」や「自分」に置いていないか。過去の経験にとらわれ、その延長線上で考えていないか、「もう一人の自分」から自分をとらえ直す。

挑戦してやり遂げようとする自分と保守的な心理の間で揺れ動いたら、「もう一人の自分」から顧みる。そして、自分で自分に妥協したくないと思ったら、踏み込む。

言葉でいうのは簡単で、実践するのはそう簡単ではありませんが、常にそのような視点で自分をとらえるよう心がけていけば、踏み込む力が少しずつでもついていくはずです。

日ごろから「クエスチョン」を発し、ものごとの本質をつかむ

「もう一人の自分」から自分をとらえ直すには、自分の判断に対して、「本当にそうだろうか」「なぜそうなのか」と常にクエスチョンを発して問い直すことです。

仕事において「判断の尺度」がぼやけたり、ずれたりするということは、別のいい方をすれば、自分の感覚に保守的な心理や、過去の経験や、会社の都合や、既存の常識など、さまざまなフィルターがかかっているため、何がいちばん大切なのかという本質が見えなくなっているともいえます。

そのとき、「本当にそうなのか」「なぜそうなのか」と自らにクエスチョンを発すれば、フィルターは外れていきます。わたし自身、経営者時代、常に自らに課したのは、

頭のなかをまっさらにして、クエスチョンを発し続け、思い込みを持たないようにすることでした。

スポーツでも毎日欠かさない練習が本番での活躍を支えるように、日ごろからクエスチョンを発して、ものごとの本質をつかむ訓練を重ねていけば、迷うことなく判断できるようになるはずです。

4 「仕事」と「会社」を一体に考えてはいけない

オーナー社長に反対されても挑戦を続けた

第1章でも述べたように、わたしは三〇歳のときにトーハンからヨーカ堂に転職しましたが、流通業がやりたくて移ったわけでもなければ、ヨーカ堂という会社に入りたかったわけでもありませんでした。

トーハン時代に知り合ったマスコミ関係の仲間とテレビのドキュメンタリー番組を制作する独立プロダクション設立のスポンサーになってもらおうとヨーカ堂を訪ね、

「それならうちに来てやればいい」とナンバーツーの幹部に誘われ、入社しました。

その話は立ち消えになったものの、周囲の反対を押し切って転職した手前、「辞める」とはいえず、そのまま残ることになってしまった。

ただ、どこに行っても、仕事というものはあります。ヨーカ堂に入りたくて入ったわけではなくても、そこには仕事がありました。会社にいて、月給をもらう以上、仕事はしなければなりません。

わたしはもともと性格的に、目の前の道に木が倒れていたら放っておけないタイプだったため、仕事上で直面するさまざまな問題について、挑戦していきました。

その際、創業者でオーナーである伊藤社長から反対されることもしばしばありました。


たとえば、ヨーカ堂の労働組合の設立です。店舗数約二〇店舗、従業員数二〇〇〇人を超えたころ、全繊同盟（全国繊維産業労働組合同盟　現UAゼンセン）から会社側に労働組合設立の働きかけがありました。

人事を担当していたわたしは、会社の規模から考え、社員と会社との円滑なコミュニケーションを図るためには労組はあったほうがいいと考えました。しかし、伊藤社長からは当初、強く反対されました。

「お客様がすべてに優先する」という商人道を説き、サラリーマン経験のない伊藤社長には、労働者の権利を守るという労組の存在そのものが容易に理解できないのも無理のない話でした。それでも、「組合は経営者を映し出す鏡である」と説明して説得し、やがて納得してくれました。

それ以上に反対されたのはイトーヨーカ堂の株式の上場でした。

出店が増えるにつれ、借入金がふくれ上がっていったため、わたしは早急に資本市場から資金調達をすべきだと進言しました。

上場すれば会社は公のものになります。上場はいまでこそ企業経営にとって一つの道筋と考えられていますが、当時の感覚ではオーナー経営者にとって苦しい決断でした。また、高い株価での資金調達にも「濡れ手で粟をつかむような真似はしたくない」と難色を示されました。

しかし、成長を目指すには上場は絶対必要で、わたしは他の先輩方とあきらめずに繰り返し説得すると、伊藤社長も次第に理解を示し決断してくれました。

セブン-イレブンの創業も同様です。

社内外の猛反対を押し切って、サウスランド社（現セブン-イレブン・インク）との交渉に入り、最終交渉の前日、わたしは渡米の途中ハワイに寄り、アメリカからセブン-イレブンの視察を終えて帰国途上の伊藤社長と落ち合っていました。

一緒に朝食をとりながら、伊藤社長はセブン-イレブンについて、「あれは日本の雑貨屋のようなものだな……」と話し、この段階にいたっても、「七割反対、三割どうかな」の感触でした。確かにリスクは高く、社内外からは反対意見が噴き出ており、オーナーとして不安を抱くのも当然でした。

「仕事＝会社」だったらセブン-イレブン創業もなかった

わたしはやるべき価値があると思ったら、中途半端にせず、最後までやり通しました。オーナー社長に反対されても、いいたいことをいい、やりたいことに挑戦した。

それは、わたしのなかで「会社」と「仕事」が必ずしも一体ではなかったからのように思います。

実際、最初からヨーカ堂という会社に入りたくて入ったのではない分、仕事で挑戦できるまで挑戦し、本当に行き詰まったら辞めればいいという考えでいました。

もし、わたしが大学を出て、憧れの会社に入り、みんなからも祝福されたりすると、自分の人生を託してみようといった思いが湧いて、無意識のうちに、「仕事＝会社」のように一体化していたでしょう。そして、オーナー経営者が反対するセブン‐イレブンの創業など考えもしなかったでしょう。

仮にサウスランド社と交渉するような場面があったとしても、「会社として何とか決裂を回避し、交渉をまとめなければならない」と考えて、大幅に譲歩していたかもしれません。

「金の麺　塩」の問題にしても、もし、わたしのなかで「会社」と「仕事」が一体化していたら、「判断の尺度」は「会社」に置き、六〇〇〇万円分の商品の回収廃棄など考えなかったでしょう。

しかし、リニューアル版がどんなにおいしくなっても、一度、「おいしくない」と支持を失った商品が再び売れることはなかったでしょう。

会社にしがみつかない

この本で前にも触れた京セラ創業者の稲盛和夫さんとの対談の際、誰もが抱きがちな悩み事や相談事に稲盛さんとわたしがそれぞれ答えるという企画で、「上司と性格が合いません」という質問もありました。

これに対し、わたしは次のような趣旨の回答をしました。

「組織のなかにいれば、いろいろ悩みが生まれます。上司との人間関係の悩みも多いでしょう。悩みは自分だけでなく、誰もが持っています。それはわたしも同じです。ただ、悩みは、待っていても誰も解決してくれません。大切なのは、悩みは自分で解決するしかなく、自分から挑戦することで初めて乗り越えられるということです。それは上司との関係にも当てはまります」

このあとに、わたしが行おうとしたセブン‐イレブンの創業や、ヨーカ堂の労組結成や株式上場に対し、「わたしにとってはいちばん上の上司」である伊藤社長から反対されても、説得して踏み切った話を紹介し、回答をこう続けました。

「上司と考えが合わないとき、無理して上に合わせる人もいるでしょう。わたしがそれをしなかったのは、『いつ辞めることになってもいい』という開き直りもありました。何かにしがみつかず、自分でやるべきだと思ったことは、考えの合わない上司を説得してでも挑戦し、実績を出していく。そうすれば、逆に上が下に合わせるという形に持っていくこともできるように思います」

この回答のなかにもあるように、わたしは「会社にしがみつく」という考えを持たなかったので、「会社」と「仕事」が一体化することなく、上から反対されても、やるべき価値があると思ったことに挑戦し、やり遂げることができた。

その結果、実際、上が下に合わせるという形になっていったのです。

人間は何かにしがみつくと本当の力は出せない

人間は一方で何かにしがみつきながら、もう一方で新しいことに挑戦することはできません。自分では一歩踏み出したつもりでも、思うように前に進まない人は無意識のうちに何かにしがみついているのかもしれません。

特に会社組織にしがみつこうとすると、誰にでもいい顔をする「いい子」になりがちです。「いい子」でいるためには厳しい現実にできるだけ直面しないように動くため、挑戦などできるわけがありません。

上司との関係においても、ありがちなのは、上司との軋轢を避けて、自分はできるだけ「いい子」でいようとすることです。特に何かにしがみつこうとすると、問題が起きても、「なあなあ」で妥協してしまう。それでは、悩みは乗り越えられません。

「いい子」にならないためには、仕事において、自分なりに「正しい」と思う考えをしっかり持つことです。そのとき、「判断の尺度」を「お客様」に合わせると、何が正しく、本質的であるかが見えてきます。

上司と考えが合わなくても、安易に妥協することなく、勇気を持って自分が「正しい」と思う考えを主張し、説得を重ねていく。上司部下関係の問題も、挑戦していくことによって、初めて乗り越えられることを忘れるべきではないでしょう。


生き方を変えるとは、何かにしがみついている自分に対して、このままでいいのか問い直し、しがみついているその手を離して一歩前に踏み出すことです。

自分自身を問い直すには、「もう一人の自分」から自分を見ることが大切であると、繰り返し述べてきました。挑戦する自分と保守的な自分の間で揺れ動いたら、「もう一人の自分」から客観的に見てみる。

自分は何にしがみついているのか、それは本当にしがみつく価値があるのか問い直す。そして、そんな自分に妥協したくないと思ったら、自分を解放し、思い切って未来に向けて一歩踏み込むことです。

本当の力が出せるようになれば、大切だと思ってしがみついていたものが、実は自分の思い込みにすぎなかったと気づくはずです。

第6章

ものごとの「本質」を見抜けば仕事はうまくいく

1　ＡＩ（人工知能）の時代になっても「仮説」を立てるのは人間の役割

ものごとの本質とはゴルフクラブの「スイートスポット」

わたしは経営者時代から、週末は気の合う仲間とゴルフに出かけるのが習慣で、いまも続いています。

仕事をゴルフにたとえれば、いまの時代は売り手にとって、アゲンストの風がひたすら吹いています。ものをつくって並べれば売れた売り手市場と違って、消費が飽和し、簡単には買ってもらえない買い手市場です。

国内景気も足踏み状態で、個人消費も二〇一四年の消費税率引き上げ以降、力強さを欠いた状況が続いています。若い子育て世代は将来への不安から、消費を抑制する傾向が見られますし、シニア世代でも株価変動により、金融資産からの収入などの減少等から消費に弱さが見られます。

しかし、アゲンストの風のなかでも、ボールをきちっとクラブのスイートスポット

（真芯の一点）に当てれば、飛距離を伸ばすことができます。

消費が飽和しているなかでも、お客様のニーズの本質をとらえれば、ヒット商品を生み出すことができる。ものごとの本質とは、いわば、クラブのスイートスポットです。

問題は、どうすればものごとの本質をつかむことができるかです。

ＩｏＴも、ビッグデータも、本質は同じ

世の中に流布されている事柄についても、その本質を見きわめれば、情報に振り回されずにすみます。

たとえば、最近はＩｏＴ（Internet of Things：モノのインターネット）という概念が注目を浴びています。さまざまなモノがインターネット上でつながり、情報交換しながら互いに制御する仕組みといった説明がされます。日本でも二〇一五年前後から、ＡＩ（人工知能）の活用と並んで、時代のキーワードになりました。

ＩｏＴの少し前はビッグデータという概念が脚光を浴びました。ビッグデータとは、コンピュータやＩＴの進歩により処理が可能になった巨大で複雑なデータ集合の集積物のことと説明されます。日本でも二〇一〇年代に入ってから、さまざまな事業への

活用の可能性がにわかに注目されるようになりました。

そして、その前の二〇〇〇年代半ばには、いつでもどこでも容易にコンピュータ・ネットワークとつながるユビキタス環境という概念が登場しました。

ＩｏＴにしろ、ビッグデータにしろ、ユビキタスにしろ、新しい概念が登場するたびに、マスメディアは大騒ぎし、企業も「対応に遅れてはならない」とあくせくします。

しかし、その本質を突き詰めると別の光景が見えてきます。

どの概念も、実世界のあらゆるものから、さまざまな機器を通してデータを収集し、コンピュータで分析し、価値ある情報を実世界の利用者にフィードバックするという考え方については同じです。

つまり、ＩｏＴも、ビッグデータも、ユビキタスも、それが何を目指すものであり、誰に対してどんな価値を提供するのかという本質においては、この一〇年間まったく変わっていないのです。

ビッグデータも活用できていないケースが多い

いちばん問題なのは、収集されたデータをどこまでどのように活用できるかです。

この問題について、ハーバード・ビジネス・スクールの機関誌で、全米で二九万人、全世界で六〇万人のビジネスリーダーたちが購読するマネジメント誌の最高峰といわれる『ハーバード・ビジネス・レビュー』が二〇一三年一二月号で「ビッグデータ」を特集テーマに取り上げたことがあります。そのなかで、日本のセブン‐イレブンが創業以来続けている経営の根幹となる取り組みを紹介した論文が掲載されました。

日本語版である「DIAMONDハーバード・ビジネス・レビュー」の二〇一四年五月号（特集：アナリティクス競争元年）にも掲載されたその論文のタイトルは、「つまるところビッグデータは不要かもしれない」。マサチューセッツ工科大学（MIT）の著名な経営大学院スローンスクールの研究者らが執筆したものでした。

さまざまな事業へのビッグデータの活用の可能性がにわかに注目されるようになった風潮に対し、この論文は、企業が猛烈な勢いでビッグデータ関連の投資を繰り広げながら、「その多くは投資が報われているとはいえない状況である」という実態に目を向けていました。そして、「最大の原因は、大半の企業が手持ちの情報をうまく活用できていないことにある」と指摘しました。

ただ、常にデータを利用して多くの利益を生み出す傾向が見られる企業もあり、それは、「根拠に基づく意思決定」の文化を持った企業であり、その典型として、日本のセブン‐イレブンにおける経営手法をあげていたのです。

MITの研究者が評価したセブン‐イレブンのデータ活用

著者らが着目したのは、日本のセブン‐イレブンが、コンビニ事業において「唯一にして最も重要な意思決定である発注」を、アルバイトやパートの従業員の手に委ねていること、そして、発注業務を委ねるうえで、従業員の意思決定を支援するため、各店舗に販売に関するデータ、すなわち、前日のデータ、前年の同日のデータ、直近の似た天気の日のデータなどを送付していることでした。

その結果、セブン‐イレブンが日本で「最も利益を生み出す小売業者になっている」とし、「優秀な人材が適切なデータを利用して適切な意思決定をする能力に、みずからの事業の成功を賭けた」と記していました。

この論文を受ける形で、日本語版のDIAMONDハーバード・ビジネス・レビューのほうでは、編集部による、わたしへのインタビュー記事も掲載されました。「データは構想に従う～消費者の心理はデータから読めるか」と題した記事のなかで、わたしは次のような問題を提起しました。

単にデータを大量に集め、分析するだけではそのデータが出てきた理由がわからず意味がない。最初に仮説を立て、その結果を検証するためにデータを分析することで初めて意味を持つ。データはあくまでもツールにすぎず、仮説を立てないビジネスなどあり得ない。つまり、データの数字だけでは何の意味も生まれないことを指摘したのです。

本質を見抜けば、何をすべきかがわかる

ビッグデータにしろ、ＩｏＴにしろ、データそのものは、どのような形で集積されたデータであれ、突き詰めれば、すべて過去の記録を数値化し、抽象化したものにすぎません。

科学の世界などでは、それらの数値化されたデータの積み重ねが生きてくる部分が多くあるでしょう。しかし、人間は未来に向かって生きる存在であり、その人間社会における流通業では過去のデータは、そのままで通用しません。

結果の数値データは、事前に仮説を立てることによって、初めて意味を持つ。データのデジタル処理が可能な時代にあっても、そこにかかわる一人ひとりの日々の仮説の積み上げが、データの利用を可能にし、大きな成果に結びつくのです。

その仮説は、「どうすれば人々により満足してもらえるか」「人々の不満や不便をい

かに解消するか」といった人間の問題意識や目的意識から生まれます。

もちろん、人間は過去の経験に縛られやすいので、そこから外れるものは見ようとしなくなり、そのため、ときには仮説が過去の経験により限定されてしまうこともあります。

そこで、情報を限定することなく網羅的に調べるコンピュータが、人間の弱点を補強する役割を担うこともあるかもしれません。

しかし、コンピュータには問題意識もなければ、目的意識もありません。最終的に判断し、決断し、責任をとることもできません。

ビッグデータやＩｏＴやＡＩの時代になっても、それぞれの本質的な意味を実現するには、仮説を次々と生み出し、未来へと踏み出す役割を人間が担わなくてはならない。コンピュータがどんなに進化しても、人間を支援する機能であり、人間が中心であることには変わりはないのです。

とすると、いかに新しい仮説を生み出せるか、仮説力がよりいっそう問われることになる。つまり、発想する力です。

ものごとの本質を見抜けば、何が大切か、何をすべきかがわかる。

では、どうすれば、本質を見抜くことができるのか。本章ではこの本の締め括りとして、本質を見抜く力について考えてみたいと思います。

2 目的と手段を混同してはならない

セブン-イレブンになぜ、POSを導入したのか

本質を見失うと、目的と手段が逆転してしまうことがあります。

本来、手段は目的を実現するためのものであったのに、いつのまにか手段そのものが目的化してしまう現象です。

たとえば、会議でプレゼンテーションを行う場合、目的は自分の伝えたいことをいかに簡潔かつ的確に相手に伝えるかにあり、資料はそのための手段にすぎません。

ところが、高度な機能を持ったＩＴ機器やソフトウェアを使って、いかに見栄えのする資料をつくるか、あるいは、いかに情報をつめこむか、それがいつのまにか目的化し、まるで資料をつくることが仕事であるかのように勘違いしてしまう。

プレゼンテーションの本質は相互理解や共感を生み出すことにあるのに、本末転倒

してしまうのです。

手段が目的化してしまうことをいかに避けるか。わたしがその昔、セブン－イレブンの店舗にPOS（販売時点情報管理）システムを導入したときも、その点にもっとも注意を払いました。

POSの導入の経緯はこうです。あるとき、セブン－イレブンの店舗でのパンの品揃えを調べさせたところ、人気商品の欠品が目立ちました。

モノ不足の売り手市場の時代には、顧客はほしいパンがなければ別の種類でも買ってくれました。しかし、当時はモノ余りの買い手市場へと変わりつつあり、お客様はほしいものしか買わなくなっていました。

ところが、現場の店舗ではパンを一括りで考えて、ジャムパン、クリームパン、アンパン……等々の個々の単品の売れ方に対する関心が依然低いままでした。そのため、売れ筋の人気商品は欠品が目立って機会ロスが生じ、その他の商品は売れ残って廃棄ロスが生じていました。機会ロスとは、その商品があったら売れたのに、欠品していることにより生じる販売の損失です。

単品ごとに売れ筋商品と死に筋商品を的確につかむには、どの商品がどのようにどのくらい売れたのか、販売の結果を示すデータが不可欠です。

しかし、一九八〇年代前半までは、どの商品を何個発注したのかという発注データのコンピュータシステムはあっても、販売データを出すシステムは未開発でした。

そこで着目したのが、アメリカで普及し始めていたPOSシステムでした。

アメリカでは主にレジの打ち間違いやレジ担当者の不正防止が目的でしたが、POSを使えば、どの単品が、どの時間帯に、何個売れて、どんなお客様が買ったかを知ることができます。

普通なら、すぐにシステムの導入を始めるところですが、その前にやるべきことがありました。

POSは手段であって目的ではなかった

POSは非常に便利である半面、単品ごとの販売データが詳細にわかるがゆえの怖さもありました。

人間は数字で表されると強く影響されやすい傾向があるため、POSデータが一人歩きしてしまうことが危惧されたのです。

コンビニエンスストアの場合、お客様のニーズは、その日の天気や気温、学校の運動会などの地域行事……等々、さまざまな要因によって毎日変わります。

発注は前日行うため、明日の天気、気温、地域の行事予定など、われわれが「先行情報」と呼ぶさまざまな情報をもとに、お客様の心理を読み、明日はどんな商品がよく売れそうかという仮説を立てて発注します。

「昨日のお客様」のニーズと「明日のお客様」のニーズは必ずしも同じとは限らない。だから、昨日の延長線上で考えるのではなく、明日のニーズについて自分で仮説を立て、今日やるべきことを考える。

その結果をＰＯＳデータで検証し、仮説どおり売れたかどうか、仮説と違っていたらその理由はどこにあったのか、分析し、次の仮説に活かす。

あるいは、ＰＯＳデータをもとに、売れ行きの速さなどから新しい売れ筋になりそうな商品について仮説を立てる。

この仮説と検証を繰り返しながら、常に売れ筋と死に筋をつかみ、発注精度を高めて機会ロスと廃棄ロスを最小化していくのが「単品管理」です。

単品管理の実践が目的であって、ＰＯＳは仮説を検証する手段である。

ところが、もし何ら仮説も立てないまま、ＰＯＳデータを見るとどうなるか。前日、ある商品が何十個も売れたというデータが出ていると、明日も同じように何十個も売れるのではないかと考えてしまいがちです。

ＰＯＳは手段であるはずなのに、ＰＯＳデータそのものを使って発注することが目的化してしまう。そして、ＰＯＳに過大な期待がかけられると、機械さえ導入すれば自動的に状況が改善されると錯覚してしまう。ひとたび、機械信奉が定着すると、過去のデータに振り回されるおそれがありました。

それを避けるため、わたしはＯＦＣを通して、オーナーからアルバイトまで単品管理の意識を徹底するよう努め、その後、機を見て一気に開発に着手しました。

一九八三年、日本初の本格的ＰＯＳシステムの全店導入が完了します。ＰＯＳをマーケティングに活用した例は世界で初めてでした。

アメリカでも、中国でも、目的と手段を明確化した

経営破たんしたアメリカのサウスランド社の再建に乗り出したときもそうです。それまでアメリカのセブン‐イレブンの店舗は自分たちで商品の発注を行っていませんでした。

自社所有の巨大な物流センターが安く大量に買いつけた商品を各店舗の需要に関係

なく押し込んだり、ベンダーの営業マンがルートセールスで担当店舗を回り、自社の商品を補充していくやり方が一般的に行われていました。

店舗が発注に責任を持たない結果、店は薄汚れ、ビールやタバコやソフトドリンクのディスカウント商品がカートンごと通路に山積みになり、目を覆うばかりでした。

各店舗が自ら発注を行い、単品管理を実行していかない限り、店は再生しません。しかし、このときも、すぐにはＰＯＳシステムを導入しませんでした。

初めは店舗従業員が朝晩二回、陳列されている商品の数量を手作業でチェックし、リストに記入していく方法をとりました。ＰＯＳに比べればかなり原始的でしたが、手作業でも単品ごとの販売動向はひととおり把握することができます。

サウスランド社の幹部からは、ＰＯＳの導入を求める声があがりましたが、わたしは頑として受けつけませんでした。売れ筋を把握し、死に筋を排除する単品管理がなぜ大切なのか、現場で実感することが第一であり、ＰＯＳは単品管理という目的のための手段であることを徹底させるためです。

もし、単品管理の考え方が浸透していない状況で導入していたら、アメリカでもＰＯＳデータに振り回され、それを使うこと自体が目的化してしまったでしょう。

北京にセブン－イレブンを出店したときも同様です。商品を発注するとき、日本ではGOT（グラフィック・オーダー・ターミナル）と呼ばれる最先端の携帯端末を使います。目的は単品管理の実践であり、IT機器はそのための手段です。北京ではあえてGOTは使わず、店舗従業員が自分の手で商品のフェイスアップ（商品が売れたら陳列棚の奥の商品を前に出し陳列面をそろえてラベルを正面に向けること）をしながら、手書きで発注伝票に記入していく方法をとりました。

フェイスアップで手に触れた商品はよく売れた商品、触れない商品は売れなかった商品を意味します。売れ筋と死に筋の概念を手や目、五感で身につけるため、最初はあえて最新のシステムは導入しませんでした。単品管理を頭と体で覚えてから導入すれば、システムを手段として使いこなせるようになります。

北京に初めから最新システムを入れなかったのも、携帯端末を使うことが目的化してしまうのを避けるためでした。

本質を見抜く力に必要な発想とは

POSシステムにしろ、IT機器にしろ、あくまでも道具であり、道具だけでは何も価値を生み出しません。大切なのは、自分たちはそれを使って、どんな価値を生み出すのかという、道具についての本質的な意味です。

セブン‐イレブンの場合、その本質は単なる「便利な店」ではなく、「コンビニエンスストアとして、お客様が求める商品を、求めるときに、求めるだけ提供すること」にあります。単品管理を日々、目指すのもその本質を実現するためです。

本質が明確だからこそ、POSシステムも、IT機器も、単品管理を実践するための手段であるという位置づけが明確になる。

その本質への気づきは、自分たちはどうあるべきかという「未来を起点にした発想」を持ち続けることでもたらされるものです。

もし、過去の延長線上で考えていたら、主にレジの打ち間違いやレジ担当者の不正防止が目的だったPOSをマーケティングの手段として使おうなどとは思いつかなかったでしょう。

そして、もう一つ、コンビニエンスストアという業態の場合、常に「お客様の立場で」考えるという発想も、本質への気づきを後押しします。

もし、会社の都合を優先していたら、アメリカでも、北京でも、手作業から始めるなどという非効率なことは考えず、初めからPOSやGOTを導入し、効率化を図ったでしょう。

常に「未来を起点にした発想」を持ち、「お客様の立場で」考えれば、自分たちの本質的な目的は何かが明確になるのです。

3 人は手段が目的化すると必要以上のことをやり始める

一台八〇〇万円のATMはなぜ、二〇〇万円で開発できたのか

自分たちのやるべきことの本質を自覚し、目指す目的とそれを実現するための手段が明確になると、本質的に必要なことだけに集中できるようになります。

典型がセブン銀行です。自前の銀行を持とうと考えたのは、主にセブン‐イレブンの店舗にATMを設置することが目的であって、銀行を設立すること自体が目的ではありませんでした。

銀行設立の本質的な意味は、お客様にとっての金融面での利便性を格段に高めるこ

とにありました。

最初は自前の銀行設立ではなく、都銀各行と一緒にＡＴＭ共同運用会社を設立する案も検討しました。しかし、共同運用方式では、ＡＴＭの設置店舗の選定や利用手数料の設定で主体性をとれず、お客様に提供する利便性を自分たちでコントロールしにくいところがあります。

それでは店舗にＡＴＭを設置するという目的はある程度実現できても、本質から外れることになります。そこで共同運用方式は断念し、自前で銀行免許を取得するという方法を選択したのです。

新銀行の設立については、金融業界の常識を破るような徹底したローコスト・オペレーションを追求しました。新型のＡＴＭも最低限必要な機能を見きわめ、不必要な要素はいっさい入れず、既存のＡＴＭの四分の一のコストで開発しました。

従来のＡＴＭは出入金取引、警備、システム監視、電話の四つの機能のために四回線を確保していましたが、これを一回線で一元的に管理する画期的な方式を開発するなど徹底したコスト削減を図りました。

コンピュータの運用をアウトソーシングしたのをはじめ、ＡＴＭへの現金の搬送・

補充、点検業務も警備会社に委託しました。

画期的なローコスト・オペレーションが実現できたのも、銀行設立はお客様にとってのセブン‐イレブンの利便性を高めるためにあるという本質から、けっして離れることがなかったからでした。


一方、本質から外れると、本来は目的を実現するための手段であったものが、いつのまにか目的化し、その結果、人間はやたらと必要以上のことをやり始めます。

もし、銀行をつくること自体が目的化していたら、まがりなりにも銀行である以上、あれもしなければいけない、これもできなければいけないと、既存の銀行のものまねを始め、きわめて高コストの体質になっていたことでしょう。

セブン銀行はその後、グループの店舗以外の商業施設や駅、空港など公共施設へのATM設置、訪日外国人旅行者のための海外発行カード対応サービス、主に在日外国人のための海外送金サービス、移動ATM車両の開発など、日本の銀行としては先進的な取り組みへと、業界に先駆けてサービスを拡大していきます。

これも、お客様にとっての利便性を高めるというセブン銀行の本質が明確であったからこその事業展開でした。

常識破りの最短スケジュールはなぜ可能だったのか

持株会社セブン＆アイ・ホールディングスは二〇〇五年九月一日に発足しました。正月の仕事始めの日に持株会社化を決断して、異例の短期間で実現にこぎつけることができたのも、スタッフたちが目的と手段を混同しなかったからです。

スタッフたちからは当初、「株式交換比率を始めクリアすべき問題が多く、九月に臨時株主総会を開くのが精一杯」とのスケジュールが示されました。

持株会社化の準備は一年以上かけるのが通常ですから、そのスケジュールもかなり短縮化したものでした。

しかし、挑戦すればもっと早くできるはずです。わたしは「五月末の定例総会までに」と厳命しました。

一カ月前の四月末には対外発表をしなければなりません。それまでに、持株会社と事業子会社となるセブン-イレブン・ジャパンやイトーヨーカ堂、デニーズジャパンの上場三社との株式交換比率の算定もすませるという常識破りのスケジュールでした。

期間がこれほどまで限られると、準備において何が本質的で、何が本質的でないかを見きわめなければなりません。

持株会社化の目的は大きく二つありました。一つは、親会社より子会社のほうが株式の時価総額が高い資本のねじれ現象を解消することです。当時は親会社の総合スーパーのイトーヨーカ堂の業績が伸び悩む一方で、コンビニのセブン‐イレブン・ジャパンは堅調で時価総額の親子逆転が起きていました。

そして、もう一つの目的は、日本特有の市場構造に対応するためでした。

高所得者層と低所得者層の格差が大きく、階層ごとに利用する店が分かれるアメリカなどと異なり、日本は一人の消費者が必要に応じて百貨店、専門店、スーパー、コンビニエンスストアなどを使い分けます。

世界でもっとも対応が難しい日本の消費者のニーズにこたえるにはグループ内の各業態がコングロマリット（複合企業体）的に結びついて、情報やノウハウを共有しながら市場の変化を的確につかみ、敏速に動く必要があります。そこで、各事業会社が株主の意向との調整など必要なく、事業に専念できるよう、完全子会社化する。

構想されたのは次のような構図でした。

新たに設立される純粋持株会社はグループの方針および戦略を決定し、事業全体に対する管理・監督を行い、株主への対応を担当する。

一方、各事業会社はそれぞれのお客様への対応に専念する。そして、グループの方針および戦略をそれぞれの事業に応じて具体化し、実行して、拡大成長を目指す。

つまり、持株会社化の本質は、役割分担と責任の明確化により、戦略の構築力と事業の実行力を高め、変化対応をより迅速化させることにある。

こうして本質をつかみ、目的が明確化したことにより、持株会社化において、何が最低限必要であり、何を優先的に行うべきかも明確となり、常識破りの短期間でも実現が可能になったのです。

持株会社設立準備のプロジェクトチームも、中心となって動いたメンバーはイトーヨーカ堂とセブン-イレブン・ジャパンから、それぞれ幹部クラス一名と中堅クラス二名が参加という最少の人数で構成されました。

それでも実務を遂行できたのは、メンバーたちがプロジェクトの本質と目的をはっきり自覚できたからでした。

仕事における本末転倒をただす

よく見受けられるのが、持株会社化に向けて大きなプロジェクトを組み、お金と時間をかけて取り組むケースです。

検討を進めているうちに、持株会社とはこうでなければならない、ああしないといけないといった議論が次々と出てきて、持株会社化そのものが目的化して、何が本質的な問題かが不明確になり、必要以上に構想が膨らんでいってしまう。

これは個人の仕事においても当てはまります。本来は仕事の目的を達成するための手段であるはずのものが目的化し、それをこなすのが自分の役割であるといつのまにか思い込んでしまう。

最大の問題は、それが本末転倒であることに気づかなくなってしまうことです。

こうした本末転倒を避けるためには、自分は何を目指すのかという根本的な命題を常に問い続けることです。

自分の仕事の本質は何か、「未来を起点にした発想」を持ち、「お客様の立場で」考え抜く。目的が明確になれば、それを達成する手段として、いろいろな知恵や新しいアイデアも浮かぶはずです。それが、本当の意味で仕事をするということです。

4 「本質」をつかめば交渉でも負けることはない

「成功させたい。だから、できない約束はしない」

目的と手段の混同は、交渉の場面でもよく見られます。ある目的を実現するため、相手と交渉して難航した場合、交渉をまとめることが目的化して目先に意識が奪われ、安易に妥協してしまいがちです。

一方、何のために交渉するのか、その本質をつかみ、目的が明確化すると強い姿勢で臨むことができるようになります。

セブン‐イレブンのチェーンを日本で展開するため、サウスランド社と交渉を重ねたときもそうでした。

交渉は最後の最後までロイヤルティ（権利利用料）の率で揉めたと前に述べました。サウスランド社側の要求は売上高の一％、こちらは〇・五％で、最終交渉に臨んでも、その差は埋まりませんでした。

サウスランド社は当時、世界最大のコンビニエンスストアチェーン、こちらは日本で三三店舗の総合スーパーを展開する小売業界一五位の中堅で格が違います。しかも、こちらは、日本進出に関心がなかったサウスランド社に対してどうしてもライセンス契約をしたいと申し入れた立場です。それでも交渉では一歩も退きませんでした。

交渉では長い沈黙が続きました。ときにはこちらから声をあらげ、テーブルを叩くこともしました。いったん別室に分かれ、時間を置いてまた交渉再開。議論はまた平行線です。その繰り返しでした。

このままでは決裂は必至です。わたしはこう主張しました。

「われわれはこの事業を何としても成功させたい。だから、できない約束はしない。ロイヤルティを下げても、この事業が日本で成功すれば、最終的にはサウスランド社の目的に沿うことになるのではないか。失敗しては何も意味がなくなる」

そして、ロイヤルティの率を上げるより、日本での事業を成功させて、得られる額を増やす考え方をしたほうがいいのではないかと提案し、最後は〇・六％で決着した経緯は前述したとおりです。

最終交渉の前日、ハワイで伊藤社長と落ち合った際、「提携交渉を絶対まとめるように」と命じられていたら、交渉の妥結そのものが目的化し、ロイヤルティの率もこちら側がもっと譲歩せざるをえなかったかもしれません。

本質をしっかりとらえれば腹がすわる

なぜ、強気の交渉ができたのか。

われわれにとって、サウスランド社との提携の目的は、日本でもセブン－イレブンのチェーンを展開し、小型小売店でも生産性を高め、変化に対応していけば、大型店との共存共栄が可能であることを実証することにありました。交渉はそのための手段です。交渉で妥結しても、経営的に厳しくなるような条件ならば、意味がありません。

一方、サウスランド社にとって提携の目的は事業の拡大による収益増にあるはずでした。実際、交渉に入った当初は、事業は合弁にすることを要求したくらいでした。つまり、この提携の本質は、どちらも事業の成功を目指すことにあり、交渉での勝ち負けは本質ではありませんでした。

自分たちの目的を明確にし、契約の本質をしっかりとらえたことで腹がすわり、決裂覚悟の強い姿勢で思い切り主張を貫くことができました。そして、サウスランド社にも交渉の勝ち負けではなく、提携の本来の目的に目を向けてもらうことで大幅な譲歩を引き出すことができたのです。

提携の本質的な意味合いは何か。これも、提携によって何を実現すべきかという未来を起点にして発想すると同時に、サウスランド社という交渉相手の立場で考えたとき、見えてきたものでした。サウスランド社の立場に立てば、本質的には事業を成功させたいと考えていることは明白でした。

小売店の生産性を上げて大型店との共存共栄を実現する。これは、わたしにとっては目的であると同時に、信念でもありました。自分たちは何を目指すのかという信念さえ忘れなければ、目的と手段を混同することはありません。

手段が目的化するような本末転倒した現象が組織のなかで現れたら、もう一度自分たちの信念を問い返すべきでしょう。

5 「本当にそうだろうか」と常に問い直すと「本質」が見える

世の中に流布する情報を鵜呑みにしてはならない

情報に接するとき、わたしが常に心がけたのは、世の中に流布する情報を鵜呑みにしてはならないということです。マスメディアが流す情報はその典型です。

マスコミはよく、成長を続けてきた業界の伸びが鈍化すると、すぐに「飽和説」を唱えます。コンビニ業界についても、二〇〇〇年代半ばごろから、既存店売上高の前年割れが続いていることを根拠に、マスコミは「市場飽和」と報じるようになりました。

確かにコンビニ業界も単純な右肩上がりの時代は終わり、そう簡単には成長できない時代に入っていました。外から数字だけを見れば、「飽和」に見えたかもしれません。実際、同業他社のトップの口からも「市場飽和」の声が聞こえるありさまでした。

これに対し、わたしは「けっして飽和していない。コンビニこそ逆にこれからいちばん伸びていかなければならない」と唱え続けました。
それは、コンビニエンスストアはどうあるべきか、お客様にとってどんな存在であるべきかという視点から、その本質をとらえていたからです。

セブン－イレブンの本質は何か。それは前述のとおり、「コンビニエンスストアとして、お客様が求める商品を、求めるときに、求めるだけ提供すること」にあります。そして、お客様のニーズは絶えず変化するため、究極的な本質は「変化対応業」であるということです。

これまでも社会や市場のニーズの変化に対応して、おにぎりやお弁当など日本版ファストフードの販売、公共料金収納代行サービス、住民票の写しや印鑑登録証明書を取得できる行政サービス、上質さを追求したセブンプレミアムの開発……等々、新しい商品やサービスを提供してきました。

日本は二〇〇〇年代に入って以降、社会構造が急速に変化していきました。二〇〇五年には人口減少社会に突入し、少子高齢化が加速化する一方で、単身世帯は逆に増えていました。また、女性の就業率も上昇の一途にありました。

セブン－イレブンの来店客の年齢構成比も、若年層は減少する一方で、四〇歳以上は増加傾向にありました。

こうした変化に対し、従来、若年層をメインの客層として成長を続けてきたセブン－イレブンは「変化対応業」が本質でありながら、市場の潜在的ニーズに十分に対応できていなかった。それが既存店売上高の前年割れとなって表れていた。マスコミの「市場飽和説」とはまったく違う見方をしていたのです。


実際、セブン－イレブンは二〇〇九年秋から、「近くて便利」という新しいコンセプトを掲げ、品揃えを大幅に見直します。


惣菜メニューの種類を増やし、ポテトサラダや肉じゃがなどの少量・低価格のセブンプレミアム・シリーズを順次開発し投入するなど、食事の手間や煩わしさへの解決策を提供するミールソリューションのマーケティングに本格的に取り組みました。

高齢世帯や単身世帯、あるいは、仕事を持ち買いものをする十分な時間のない女性層をターゲットとした取り組みは成果となって表れ、既存店売上高は増加に転じます。

業界他社もこれに追随し、マスコミは「市場飽和」にいっさい言及しなくなりました。

オムニチャネルの本質は「顧客戦略」にある

わたしが構想を立ち上げ、セブン＆アイグループが現在取り組んでいるオムニチャネルに対しても、マスコミからは否定的な見方をされることが多いようです。

その否定論を見ると、既存のＥコマースやネット通販と同じ括りでとらえたり、流通のチャネル戦略の一つとして受け止めている傾向が見られます。しかし、これらの情報を鵜呑みにすると、オムニチャネルの本質を見誤るおそれがあります。

たとえば、Ｅコマース事業大手のアメリカのアマゾン・ドット・コムは、報道によれば、買いもの客が食品を購入できる実店舗のコンビニエンスストアへの進出を計画しているといいます。

アマゾンは以前より、アメリカのセブン‐イレブンの店内にロッカーを設置するなど、宅配物の受け取りの利便性を高めてきました。こうしたオムニチャネルの動きをどうとらえればいいのか。

流通業や小売業はこれからどうあるべきかという「未来を起点にした発想」と「お客様の立場で」考えれば、オムニチャネルの本質が見えてきます。

これまで、流通業や小売業は売り手側を起点とした仕組みで事業を行ってきました。

百貨店を利用したいお客様には百貨店に来ていただき、スーパーを利用したいお客様にはスーパーに来ていただき、コンビニを利用したいお客様にはコンビニに来ていただく。

それは、需要が供給を上回る売り手市場の時代の延長線上でリアル店舗を前提とした仕組みでした。しかし、いまはモノがあふれ、供給が需要を上回る時代です。

わたしがセブン‐イレブンのサービスについて、「ご用聞き」を始めたのも、供給が需要を上回るなら、ただ、お客様の来店を待つだけではなく、お客様を起点にして考え、供給側がお客様のほうへ近づいていかなければならないと考えたからです。

同じように、グループが持つさまざまなシステム、店舗網、販売方法など、すべての事業インフラを、ネットとリアルの境目も越えて、お客様を起点にして新たに組み直していくという「顧客戦略」へと転換しなければならない。これがオムニチャネルの本質です。

商品開発もリアル店舗を前提とすると、一定以上の量の生産が必要です。それは売り手を起点とした販売戦略ではそうならざるをえません。

しかし、ネット販売の特性を活かせば、お客様の潜在的ニーズにこたえる少量生産も可能になる。そのなかでヒットすれば、リアル店舗での展開も可能になる。それがお客様を起点とした「顧客戦略」の発想です。

だからこそ、オムニチャネルにおいては、商品開発力が問われる。それは、オムニチャネルの本質をつかむことで初めて理解できるのです。

セブン&アイグループが推進するオムニチャネルは、確かにいまは売上規模はさほど大きくはありません。それをもって、マスコミは否定的なとらえ方をします。しかし、それを鵜呑みにしている限り、オムニチャネルの将来性は見抜けないでしょう。

コンビニで販売するおにぎりやお弁当も、最初のころは「家庭でつくるものだから売れるわけがない」といわれ、実際、一店舗で一日に二、三個しか売れませんでしたが、地道な努力の積み重ねで、お弁当はコンビニの代名詞的存在になり、おにぎりはセブン‐イレブンだけでも年間一七億個を売り上げるまでになりました。

セブン銀行も設立に反対され、立ち上がりでは苦労しましたが、セブン‐イレブンや街の施設に設置されるATMは、いまでは金融サービスを支えるインフラに成長しています。

それは、「未来を起点とした発想」と「お客様の立場で」考えたとき、どちらも本質から外れていなかったからです。

時代の転換期には、ものごとの本質をつかみ、目指す方向を見定め、新しいことに着手したら、一つひとつ努力を積み重ねていく。すると、加熱された水が沸点に達するように、ある時点で必ず爆発点に到達し、壁をブレイクスルーすることができます。

セブン‐イレブンの四〇年以上にわたる軌跡そのものが、先進的な取り組みに挑戦してはイノベーションを起こすと他社も追随する、その繰り返しでした。

みんながいいと賛成することは、たいてい失敗し、みんなが反対することはたいてい成功する。オムニチャネルも利益が出るようになったとき、「これはいい」と、みんなが始めるようになるはずです。

6 挑戦し続ければ「小さな失敗」も「成功」に変わる

われわれは「未来」と「お客様」から「宿題」を与えられている

わたしはこれまで、数々の新しい商品、新しいサービス、新しい事業を生み出してきました。

ただ、早い時期から経営する立場でいたこともあり、別に上から「宿題」を与えられ、それにこたえてやったというわけではありません。

お客様はこういうものを求めているのではないだろうか。もっと新しい商品を店頭に出し、新しい提案をしていかなければ、お客様は満足しないのではないだろうか。お客様にとって「おいしいもの」は「飽きるもの」でもあるから、もっとおいしいものを出し続けなければならない。より革新していかなければならない。

そうした問題意識や目的意識を常に持っていて、いろいろなものを見たり、聞いたりして、何かを思いつくと、「これをやろう」と思って挑戦し、実現していった。その繰り返しでした。

なぜ、新しいものを生み出し続けなければならないのか。ふと考えると、われわれ売り手やつくり手は、常に「未来」から、そして、「お客様」から「宿題」を与えられているようにも思えます。

だから、「未来を起点にした発想」を持ち、「お客様の立場で」考え、新しいものを生み出さなければならない。あるいは、未来を起点にして「判断の尺度」を「お客様」に合わせて判断し、決断しなければならない。

「宿題」は「昨日のお客様」からでも、「今日のお客様」からでもなく、常に「明日のお客様」から出されている。だから、その都度、一歩前に踏み出していかなければならない。

「宿題」にこたえられないものは、置き去りにされ、忘れ去られていくだけです。

「目に見えないもの」を見る

マスコミの報道はとかく、「目に見えるもの」だけで規定して、ものごとをとらえようとしがちです。コンビニ業界についても、既存店売上高の前年割れという、目に見える数字をもとに「市場飽和」と規定しました。

同じように、マスコミはいま、百貨店やGMSについても、目に見える数字をもとに「行き詰まり」と規定しています。

しかし、流通業や小売業の本質は「変化対応業」にあります。

百貨店もこの先、店舗数はもっとも多かったころの半分以下になるでしょう。それでも、百貨店もGMSも変化対応を徹底すれば、行き詰まりはあり得ない。それが本質をとらえた見方です。

「目に見えるもの」とは、要するに過去の事実です。変化の時代、「目に見えるもの」の範囲だけで判断していれば、どんな企業も、どんな事業もやがて行き詰まります。たとえば、セブンプレミアムの特徴は「上質さ」にあります。しかし、いま目に見えている上質さの範囲だけで商品開発を続けていけば、やがてマンネリ化し、飽きられていくでしょう。

ものごとの本質は常にあるべき未来を起点にしてとらえなければならない。その意味で、セブンプレミアムの本質は「絶えざる上質さの追求」にあります。

いま目に見えている価値をしのぐ新しい価値を追求する。しかし、その答えは目に見えません。では、どうやって、目に見えないものを見るのか。

たとえば、「金の食パン」のような、いままでにない商品を発案するたびに、わたしはよく、「鈴木さんはなぜ、普通の人が見えないものが見えるのでしょう」と聞かれます。

しかし、わたしだけが何か特別な能力を持っているわけではありません。「最初から先が何も見えない」などということはなく、誰でも「目に見えないもの」を見ることはできるのです。

「明日のお客様」が求めるものは目に見えなくても、その答えはお客様の心理のなかに潜んでいる。そして、売り手やつくり手も、一歩仕事を離れれば、誰もがお客としての心理を持つからです。

自分たちはどうあるべきかと「あるべき姿」を描き、自分が仕事で向き合うお客様と共感できるものを考え抜くと、実現すべき新しい価値が見えてくる。そこへ向かって踏み出していくと、いまはない状態から、新しいものが生まれていく。それが、挑戦です。

成功するまで挑戦すれば必ず成功する

もちろん、挑戦しても、一〇〇%成功するとは限りません。失敗することも当然あります。ただ、失敗したら、早く忘れて仕切り直す。そこにとどまったり、後戻りせず、次の一歩を踏み出すことです。

わたし自身、小さな失敗は数多くいろいろしてきましたが、大きな失敗をした記憶はあまりありません。

わたしも、いろいろ挑戦するなかで、ここはこうすればよかったかなと思うことは結構あります。しかし、これは失敗したなと思って落ち込むようなことがなかったのは、本質から大きく外れることがなかったからでしょう。

セブン‐イレブンでのコーヒーの販売も挑戦しては失敗の繰り返しでした。

創業当初はサイフォン方式で始まり、これがうまくいかず、以降、一度目の挑戦はドリップ式のコーヒーマシン、二度目はカートリッジ式のコーヒーメーカー、三度目はセルフ式のエスプレッソマシンと、次々と新しい機械を導入したものの、そのたびに問題が生じ、撤退を余儀なくされました。

セブン‐イレブンでのコーヒーの販売が目指したのは、手軽に本格的なコーヒーをお客様に楽しんでいただくことでした。そのため、さまざまな機械を開発しても、本格的な味わいを生み出すことができず、撤退を繰り返しました。

四度目では、どのような機械を使うかという従来の考え方を改め、お客様はコーヒーについて、どんな味を求めているかというニーズを徹底的に調べるところから入りました。

そして、それを実現するため、コーヒー豆を厳選し、焙煎方法も研究を重ね、最良の抽出方法と容易なメンテナンスを可能にするマシンをついに完成させました。

二〇一三年に販売が開始された「セブンカフェ」は、三年目の二〇一五年には年間販売目標八億五〇〇〇万杯を達成し、累計販売数は二〇億杯を突破するほどの大ヒット商品になり、〝コンビニコーヒー〟という、まったく新しい商品カテゴリーを生み出しました。

わたし自身が導入に苦労した思い出があるのは、おでんです。街角におでんの屋台が出ている光景を見て、「おでんは日本人の生活から切り離すことができない食べものではないか」と考え、セブン‐イレブンでの販売を決断しました。目指したのは、手軽に本格的なおでんをお客様に楽しんでいただくことでした。

ところが、具材を鍋で煮込んでいくとき、おでんの強い匂いが店内に充満してしまう。この匂いの問題には本当に苦労しました。他のチェーンも追随して販売を始めましたが、匂いの問題が解決できず、扱いを中止してしまいました。わたしは「絶対やめない」と明言し、研究を続けさせました。

そして、ついに匂いをおさえる方法を見つけ出します。もし、途中であきらめていたら、セブン‐イレブンの店内に〝コンビニおでん〟が並ぶ光景はなかったでしょう。

人間、最初から「失敗する」と思ったら挑戦などできません。できるはずだと思うから、できるようになるのです。

仮に右、真ん中、左と三本の道があって、本当は真ん中を行けば一〇〇%成功できるところ、最初は左に入ってしまったとしても、本質さえきちっとつかんでいれば、引き返さず、挑戦を続けながら真ん中に寄っていくと、九〇%ぐらいの成功には持ってくることができる。

本質さえしっかりつかんでいれば、小さな失敗をして少し進路が曲がっても、直しながら進み、最後は成功にいたることができるのです。

一度始めたら、あきらめずに挑戦し続ける。何ごともあきらめたら、それで終わりです。挑戦に挑戦を重ねても、必ずしもすべてが成功するわけではなくても、失敗を失敗で終わらせなければ成功にいたる。

成功するための最大の方法は、常にパワーを前向きにして、成功するまで挑戦し続けることです。

誰もが「未来」と「お客様」から「宿題」をもらっている

いまの人々はどんなことに不満を抱き、何を不便に感じているか。世の中の不満、不便への気づきは、新しいものを生み出したり、新しいことを始める大きなきっかけになります。

同じことは、自分のなかにある「不満足」「鬱屈感」への気づきについても当てはまるでしょう。

トーハン時代、『新刊ニュース』の誌面刷新を思い立ったのも、それまでの仕事が大変な思いをしたわりには報われなかったからです。

毎日出版される何十冊もの本に目を通し、書評にまとめる。自分の好みの本は全部読みましたが、医学書などは読んでも理解できないので、目次とあとがき、あとは主だったところを拾い読みして、まとめる。こんなに苦労しているのに、発行部数が五〇〇〇部では合わない。そんな不満足感が直接のきっかけでした。

セブン‐イレブンの創業のときもそうです。一九六〇年代後半以降、スーパーが新規出店のたびに地元商店街から反対運動が起こるようになりました。わたしも幹部の一人として地元との交渉にあたりました。

交渉はいつも平行線をたどります。二年がかりで三〇回以上、交渉に交渉を重ねたこともありました。ある地方に出店するときは、出店に反対する地元に頼まれて出てきた代議士と対峙したこともあります。伊藤社長と常務と三人で出向き、わたしが交渉役となって百戦錬磨の政治家と向き合います。その後ろには地元勢がずらりと居並ぶ。毎回緊迫した空気のなかでハードな交渉を重ねなければなりませんでした。

もし、わたしが交渉を妥結させることに生き甲斐を感じ、日々充実して、達成感を感じていたら、「大型店と中小の小売店は共存共栄が可能か実証しよう」などと考えなかったかもしれません。

人は何のために働くのか。人は「考える生きもの」であり、経済的収入だけが目的ではないはずです。わたしも現役時代、特に意識して働いたわけではないのですが、ふと振り返ると、「自分で満足できる働き方」を求めていたように思います。『新刊ニュース』の誌面刷新も、セブン‐イレブンの創業も、自分で満足できる働き方を求めた面も強かった。だから、仕事にやりがいを感じ、自分の存在価値を見いだせたのでしょう。

世の中の働く多くの人々は、上に上司がいて、日々、会社や上司から「宿題」を与えられ、仕事と向き合っていることでしょう。

しかし、なかには、必ずしも自分の存在価値をあまり感じられていない人も少なからずいるでしょう。それは本当の意味で、自分で考え、自分で行動し、自分を変えていくことができていないからかもしれません。

ならば、振り返ったとき、自分でも満足できるレールがそこに敷かれているように、一歩前に踏み出し、自分の道をつくるべきです。

誰もが「未来」と「お客様」から「宿題」を与えられている。

それにきちっとこたえていくことができれば、必ず、「自分で満足できる働き方」ができるはずです。

おわりに

わたしは子どものころから、極度のあがり症で悩みました。人生の大事な場面であがり症が原因で失敗もしています。

最初は中学の受験です。一九四五年、終戦を迎える半年前のことです。わたしは長野県上田市にある旧制の上田中学（現上田高校）を受験しました。学校の成績は悪くなかったので、おそらく受かるだろうとみんな思っていました。

結果は不合格でした。筆記試験ではなく、面接試験で完全にあがってしまい、質問に何も答えられなかったのです。

一年間、小学校の高等科へ通い、戦争が終わった翌年、また受験の季節がめぐってきました。社会は戦後の混乱期のまっただなかです。鈴木家は農業のほか、養蚕業も家業としていました。

「この際、実業学校で技術を身につけたほうがいい」という両親のすすめで小県蚕業学校（現上田東高校）に進みました。

わたしは自分のあがり症が歯がゆくて仕方ありませんでした。

小学生のころから、家では本を読めるのに、教室で指名されると頭のなかが真っ白になって読めなくなってしまう。答えはわかっていても引っ込み思案で、みんなが手をあげたあとにそっと手をあげるような子どもでした。

わが家は父親が農協の組合長や町長などの公職を務めていたため、毎日大勢の客が出入りしていましたが、わたしは人見知りで人前になかなか出られませんでした。

いまから考えると、自意識過剰なところがあったのでしょう。

信州は議論好きの風土があります。あがり症の性格のままではどうしようもありません。そこで、中学での部活動ではあえて弁論部に入りました。

人前で話す練習をすることで、あがり症を克服しようと考えた。自分を変えなければいけないと、子ども心に思ったのでしょう。

いまでも忘れられないのは、上田と小県を合わせて上小と呼ばれた地域にあった六つの学校合同の弁論大会でのことです。当時は「新しい教育を始める」ということで、弁論大会が盛んでした。

わたしはといえば、演壇で話はできても客席を見ることができなくて、ずっと窓の外を見ていました。三位に入りましたが、審査員からは、論旨もいい、言葉もはっきりしていたが、問題は外を見てしゃべっていることだと評される始末です。梅の木があり、雨がそぼ降るなか、一羽のスズメが枝にとまっていた。その光景はいまでも忘れません。

あがり症はそう簡単には治りませんでした。

在学中に学制改革が行われ、小県蚕業学校は新制の小県蚕業高等学校に変わったため、わたしはそのまま中学、高校と合わせて六年間通いました。

高校時代にはまわりから推されて生徒会長に就任します。入学式や卒業式であいさつをこなしているので、このころになると、人前で話すのもだいぶ慣れたのでしょう。中央大学で全学自治会の書記長を務めたときは、当然、演説もしなければなりませんでした。学生運動の演説ですから、原稿など用意しません。極度のあがり症だった人間が即興で演説するのですから、人間変わるものです。

学生運動にかかわったことから、就職では企業のブラックリストにのり、いわゆる普通の就職の道が閉ざされ、新聞社の入社試験を受けた話は前に述べました。

筆記試験は通っても、問題は面接試験でした。大勢の前で話すのは慣れても、一対一になるとどうしてもあがり症が頭をもたげ、質問にうまく答えることができなかったのです。

根本的な性格は簡単には治らないようで、いまでもあがり症であることには変わりありません。講演や講話はさほど苦にならず、機会があれば二時間でも、三時間でも原稿なしで続けることができます。

ところが、初対面で一対一で向かい合って話すのはいまでも苦手意識がぬぐえず、三〇分も話していると話題がなくなってしまいます。だから、雑談はあまり得意ではありません。

人見知りのところも依然あります。自分たちがホスト役の催しでは進んでお客さまにごあいさつを差し上げますが、招待されたパーティーなどでは、自分から人の輪に入っていくのはどちらかというと苦手で、一人で場内を眺めているほうが落ち着きます。

わたしはあがり症の自分に納得ができず、何とか克服しようと自分なりに挑戦し、努力しました。実際、かなりの部分克服できたでしょう。自分でこうありたいと考えたことは、たいてい、やればできる。その信条でわたしは今日まで生きてきました。

その一方で、三つ子の魂百までで、根本的な性格の部分ではいまも引きずっている自分もいる。どちらも同じ自分です。

誰もがそれぞれに弱点やコンプレックスを持っています。どうせ自分はこういう人間だからしょうがないと思い込み、あきらめている人もいるでしょう。それは自分で自分を守っているだけで、何も変わりません。

人生はめぐり合わせの部分が大きい。一歩も踏み出さずに自分を守っているだけでは何ものにも出合いません。

もし、自分に納得できなければ、これまでとは違う自分に向けて、一歩踏み出し、挑戦してみることです。挑戦することで新しいものに出合う。要は自分から逃げないということです。

挑戦しようとする自分がいる限り、自分に納得できる生き方ができる。大切なのは、自分に妥協する生き方ではなく、自分に納得できる生き方です。

わたしはいま、セブン&アイ・ホールディングスの本部から歩いて一五分ほどのところにあるホテルのビジネス棟のなかに設けられたオフィスに毎日、通っています。

会社関係者や業界関係者、旧知の企業経営者の訪問が多く、いろいろとアドバイスや意見を求められます。セブン‐イレブンの本部から届けられる新商品の試食も相変わらず続いていて、感想を求められます。

いわば、〝よろず相談業〟のような毎日です。

もともとわたしは、「みんなに反対されることはたいてい成功し、賛成されることはたいていてい失敗する」「おいしいものは飽きるものでもある」「真の競争相手は競合他社ではなく、絶えず変化するお客様のニーズである」などと、世間一般的な考え方とは視点の違ったメッセージを発し続けてきました。

鈴木敏文という人間は、人と違ったユニークなことをいうと、多少は注目を集めてきたようです。

稲盛さんとの対談がプレジデント誌に掲載された折りも、「ミスしたことは早く忘れて仕切り直したほうがいい」と語ったのが、若い読者からは、「ミスは忘れてもいいんだ」と新鮮に受け取られたようです。

わたしは、「過去がいまを決めるのではなく、未来というものを置くことによって、いまが決まる」という考え方で、ずっと仕事を続けてきました。

未来がいまを決める。

本書がそんな生き方のヒントになることを心から望みます。

二〇一六年秋　ホテルの色づいた日本庭園を眺めるオフィスにて　　鈴木敏文

鈴木敏文 Toshifumi Suzuki

セブン＆アイ・ホールディングス名誉顧問

1932年、長野県生まれ。1956年、中央大学経済学部卒業後、書籍取次大手の東京出版販売（現・トーハン）に入社。1963年、ヨーカ堂（現・イトーヨーカ堂）に移る。1973年、セブン-イレブン・ジャパンを設立し、コンビニエンスストアを全国に広め、日本一の流通グループとして今日まで流通業界を牽引。2003年、勲一等瑞宝章を受章。同年11月、中央大学名誉博士学位授与。経団連副会長、中央大学理事長などを歴任。著書に『売る力――心をつかむ仕事術』『挑戦　我がロマン』などがある。

勝見　明 Akira Katsumi

ジャーナリスト

1952年、神奈川県生まれ。東京大学教養学部中退。フリーのジャーナリストとして経済・経営分野で執筆・講演活動を続ける。専門はイノベーションを生む組織行動、リーダーシップ論。著書には『鈴木敏文の「統計心理学」』『鈴木敏文の「本当のようなウソを見抜く」』（小社刊、文庫は日経ビジネス人文庫）『鈴木敏文の「話し下手でも成功できる」』（小社）の鈴木敏文三部作ほか、『全員経営』（野中郁次郎・一橋大学名誉教授との共著 日本経済新聞出版社）などがある。

わがセブン秘録

2016年12月23日　第1刷発行

著　者　鈴木敏文
発行者　長坂嘉昭
発行所　株式会社プレジデント社
〒102-8641　東京都千代田区平河町 2-16-1
平河町森タワー 13階
http://president.jp
http://str.president.co.jp/str/
電話：編集 (03)3237-3737
販売 (03)3237-3731
装　丁　竹内雄二
撮　影　大沢尚芳
編　集　桂木栄一
制　作　関 結香
販　売　高橋徹　川井田美景　森田巌
遠藤真知子　塩澤廣貴　末吉秀樹
印刷・製本　凸版印刷株式会社

ISBN978-4-8334-2212-3
Printed in Japan